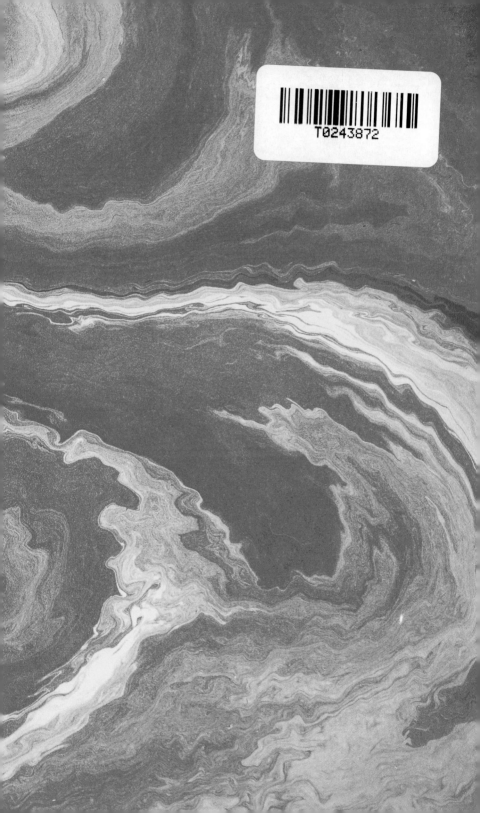

MICRODOSIS

EC

EDITORIAL CÁNTICO
COLECCIÓN · CULPABLES
DIRIGIDA POR RODRIGO GARCÍA MARINA

cantico.es · @canticoed

© Enrique Bunbury, 2023
© Editorial Almuzara S.L., 2023
Editorial Cántico
Parque Logístico de Córdoba
Carretera Palma del Río km 4
14005 Córdoba
© Prólogo de Vicente Gallego, 2023
© Fotografía del autor: Jose Girl, 2023
Imagen de la cubierta: *Komiker* (1904) de Paul Klee.
Original en The Minneapolis Institute of Art,
intervenida por Dani Vera
Director editorial: Raúl Alonso
Imprime: Gráficas La paz

1ª edición: febrero de 2023
2ª edición: marzo de 2023
ISBN: 978-84-19387-26-4
Depósito legal: CO 1934-2022

ENRIQUE BUNBURY

MICRODOSIS

PRÓLOGO DE VICENTE GALLEGO

EDITORIAL CÁNTICO
COLECCIÓN · CULPABLES

SOBRE EL AUTOR

El cantante, compositor, músico y productor Enrique Bunbury se encuentra entre los artistas musicales más exitosos que surgieron de Europa occidental a finales del siglo XX. Sus diversas habilidades para escribir canciones y su canto apasionado lo han llevado a superar continuamente los límites y explorar géneros como cabaret, blues, bolero, cumbia, electro, roots y rock alternativo.

Frontman de los míticos Héroes del Silencio, una de las bandas más importantes de España y Latinoamérica durante los años 80, Bunbury cuenta con 35 años de carrera musical en su haber. Como solista, ha entregado 11 álbumes de estudio, 8 álbumes en vivo, varias giras con entradas agotadas alrededor del mundo y un Latin Grammy con *Expectativas* como Álbum de Rock del Año (2018), recibiendo solo las más altas críticas de la prensa especializada. Siguiendo el ejemplo de cantantes de soul y artistas como David Bowie, tiene una personalidad escénica incomparable y poderosa.

Un artista en constante evolución, considerado por muchos como la realeza del rock, Bunbury se encuentra trabajando en su próxima producción musical.

Como poeta este es su segundo libro tras publicar en 2021 *Exilio Topanga* (La Bella Varsovia).

QUE TENGAS SUERTECITA, QUE ENCUENTRES EL CAMINO

POR VICENTE GALLEGO

Este es el libro de un loco de infinito, de un espíritu libre. El lector no encontrará aquí refugio alguno contra la intemperie, sino a la intemperie misma ofreciendo su refugio a los desalmados, a aquellos dispuestos a decirse: «Ya que el alma se convierte en estorbo a poco que le pongamos dos apellidos y la enfrentemos así al universo y a las otras almas, ¡pelillos a la mar!, no se pierde ningún tesoro echándola por la borda». Y es que ya casi no quedan almas acuáticas, esas capaces de mezclarse las unas con las otras como el agua consigo misma. Hoy día el alma es cosa que se adquiere en este mundo, es un documento que se crea cada cual, más o menos a su gusto, según los dictados mundanos. Y esas almas cortadas según patrones caprichosos y a beneficio de inventario se ven, como no podría ser de otra manera, no sólo separadas de las almas de sus congéneres, sino separadas de los montes, ríos y mares, así como de las almas purísimas que los pueblan. Y así les va a los pobres y a los países pobres —a quién le importan realmente entre los poderosos—, y no mucho mejor a la madre naturaleza. Es muy curioso: no existe en el ser humano nada que no haya puesto en él la naturaleza, está constituido por los cuatro elementos universales y, sin embargo, se erige como sujeto en el seno de la totalidad y decide que todo cuanto no sea ese "yo" espurio resulta secundario y puede ser explotado según sus conveniencias. «No somos seres legales, / somos uno con el mundo / y con nosotros mismos», nos dicen los versos de Bunbury. A pesar de esa evidencia aplastante, en cuanto empieza a funcionar el mecanismo del pensamiento, creador de falsas identidades discursivas, esa unidad con nosotros mismos y con la totalidad se viene abajo, aunque sólo sea de modo aparente, ya que lo real, la unidad, no puede ser dividida por los conceptos. Y este libro, a menudo de manera tácita, y otras veces directamente, se hace la siguiente reflexión: dónde se habrán metido nuestros investigadores privados, aquellos dispuestos a preguntarse por sí mismos a costa de sí mismos si hiciera falta, para después ver con claridad lo que es este mundo y por qué ocurren en él las cosas que ocurren: abusos y peores abusos, mentiras y mentiras mucho peores. Este libro no te va a gustar si tienes todavía un alma que perder o un partido que defender, si no te has hecho aún las preguntas pertinentes.

Se atreve Bunbury a confesar que se halla en tratos fértiles con lo que en otro sitio he llamado "los profetas vegetales", en concreto los hongos psilocibios, los hijos pródigos de María Sabina, primos hermanos del LSD. «¡Claro!, es que los artistas, ya se sabe, son gente de poco seso y muy partidaria de las drogas», se dirá el que no haya probado nunca ese temible y fascinante suero de la verdad del que aquí se trata desde diversos enfoques. Este libro no te va a gustar si desayunas huevos fritos y piensas que el que desayuna una cocción de ayahuasca no tiene perdón de Dios.

«Vivimos todos con un miedo irracional a la verdad. Por eso es preferible decir cualquier cosa que no llame mucho la atención y coincida con lo que todos piensan o creen en el momento. Sea lo que sea que dicte el discurso de valores dominante», leemos en uno de sus textos, porque conviene recordar lo obvio cuando lo obvio se convierte en lo impensable y lo impronunciable. El nuevo ministerio de censura y propaganda siempre tiene una patente de corso a mano con la que justificarse: él no es como los anteriores, ya que ahora, por fin, se halla en posesión de la razón absoluta y de los secretos del progreso, conoce lo conveniente y lo inconveniente, y nos obliga a comulgar con ruedas de molino por nuestro bien, el bien común, que es la más manipulable de todas las entelequias. «No somos mucho más / que una utilidad limitada / al servicio del sistema. / Resultamos un poco incómodos. / Somos demasiados y con demasiadas / aspiraciones y necesidades. / Un estorbo», se siguen quejando los versos de Bunbury. ¿Y qué pretende hoy el sistema? Lo de siempre, sistematizarnos, él sabrá con que impías intenciones. Él decide lo que es una droga prohibida y una droga legal, olvidando interesadamente que el problema de las drogas recae sobre el individuo, no sobre la sustancia, que siempre es inocente de nuestros desmanes, y olvidando, de paso, que somos mayores de edad y gente libre para investigar, especialmente cuando el producto que convertimos en vía de conocimiento no sale de los laboratorios farmacéuticos, sino directamente de la madre naturaleza: el *Teonanácatl*, los hongos sagrados, el sacramento de los indígenas desde tiempos precolombinos. Llegaron los curas allí y trataron de convencer a los nativos de que el verdadero sacramento era el pan que ellos partían y con el que comulgaban. Aquellos inocentes, ante las expectativas creadas, lo probaron llenos de curiosidad, y se rieron a gusto de un dios que carecía de la potestad necesaria para imbuir en su sacramento algo más de alegría para el cuerpo y de profundidad de visión para las almas. La comparación era una broma: la hostia no *subía*, no hacía ningún efecto, pero sí que lo hicieron los garrotes y las prohibiciones.

¿A qué llamamos drogas? Como decíamos, los huevos fritos de buena mañana son una clase de droga que embota la sensibilidad y nuestras capacidades perceptivas, como estará bien dispuesto a atestiguar cualquiera que desayune un cocimiento de ayahuasca. Con los huevos fritos, el árbol sigue siendo un árbol pensado y tú el fantasma que lo mira. Con la ayahuasca, ese mismo árbol se torna real, se queda contemplándote y te pone en tu lugar, el de no saber cómo separarte de él sin renunciar a una parte de ti mismo. Ahora bien, si desayunas huevos fritos mientras devoras la prensa escrita o engulles las noticias televisivas como buen creyente, entonces ya te has pasado, sin siquiera notarlo, a la droga dura, que incluye todo tipo de interdictos contra aquel que prefiere embriagarse —tomando sus honguitos psilocibios— con la noble aventura del desvelamiento del espíritu, del que hemos quedado divorciados, según advierte Bunbury con extrañeza en estas páginas, pues ya antes había declarado en una entrevista: «Uno no es su profesión, ni sus hobbies, ni su país, ni sus inclinaciones políticas, porque, para conocerse bien, hay que desprenderse de muchas capas». Pessoa no le hubiera quitado la razón, ni ninguno de los sabios que en el mundo han sido, pero se la quita la publicidad que padecemos: Eres lo que vistes, el coche que llevas, el perfume que te puedas permitir... y así se nos va haciendo de noche mucho más temprano, de modo que las noches se juntan con las noches y ya nadie tiene noticias de su interior aurora.

Más preguntas capciosas. ¿A que llamamos un estado alterado de conciencia? Para determinar eso, primero sería conveniente saber de qué hablamos cuando hablamos de la conciencia y cuál es su estado natural. Pero claro, nadie sabe nada de la naturaleza de la conciencia, excepto la conciencia misma, y el que más y el que menos se sospecha que ir a preguntarle podría acabar con todas sus preguntas en un santiamén, y eso sí que nos da pánico, porque un alma sin sus preguntas ya no podría seguir siendo un alma atormentada, sino el alma serenísima del cosmos, el *ánima mundi*. En cuanto un pensamiento seduce a la atención y la secuestra, la conciencia se ve alterada, y así, imponiéndole una forma de la que ella carece, afirmamos que somos de este modo o del contrario, aunque los demás no estén dispuestos a coincidir con nuestras apreciaciones. Nuestros juicios de valor —de los que Bunbury propone hacer severo ahorro—, nuestras vanidades, nuestros temores y deseos, nuestros credos políticos y religiosos, todos ellos son alteraciones severas de la conciencia. No es preciso que nos droguemos para andar drogados todo el día. Si uno se droga con ideología, termina en un ministerio con bula papal. Si uno se droga fumándose un canuto, le ponen una multa los del ministerio, porque así es la democracia en estos tiempos que se nos vienen encima.

13

Señores mandatarios, presidente, señora ministra, sus majestades, excelentísimos, muy honorables y demás prohibicionistas vocacionales, tómense ustedes unos honguitos y después sigan con sus maquinaciones, si es que se lo permite la vergüenza, porque a los ciudadanos se les puede engañar, pero a los demonios interiores, ¡ni por asomo! Tómense una ración bien cumplida de honguitos a nuestra salud y verán qué cara se les queda si se atreven a mirarse en ese espejo insobornable. Después, si se arrepienten, si reconocen que ustedes no eran nadie para creerse nuestros tutores, les aseguramos que serán indultados y les respetaremos la paguita.

Pero el amigo Bunbury nos invita a hacernos preguntas todavía más incómodas al hilo de la lectura de sus textos, que yo no llamaría poemas, sino ventanas, ventanas a las que él les ha quitado el marco de la escritura para que el lector no se entretenga demasiado en los aledaños de la forma y lo acompañe en su viaje visionario. Todo el libro se mantiene a flote a lomos del buen humor, de las ganas de vivir y de agradecerle a la vida sus regalos, más secretos cuánto más valiosos. Aupado por los hongos sagrados, él se ha asomado a los ojos del halcón, ha volado interiormente, ha sido el halcón remontándose por encima de su sombra, y ha visto que hay que «cultivar la compasión, no es suficiente la empatía», porque este mundo cada vez resulta más duro de digerir, ya que casi todas las vías hacia el conocimiento han sido suplantadas por la información desinformadora. Pero nosotros a nuestros honguitos, a nuestra desobediencia, a nuestro amor por todo, y a no callar ni debajo del agua por el bien de la belleza. A esa, que no nos la toquen, pinche Bunbury, que no nos hagan creer, poniéndonos las peras al cuarto y haciéndonos culpables, que no valió la pena, que no nos raptó un día la embriaguez sagrada y fuimos así visitados por el ángel que destruye toda duda. Mientras prolifere una duda, existirá un esclavo. Mientras exista un esclavo, lo poseerá un propietario. Si vas a la farmacia, te dirán que te tomes la pastilla. Si te reúnes con los indios mazatecos, te harán ver que la salud es cosa del espíritu en primer lugar, y te invitarán a compartir su sacramento. Después de eso, quizá te dé por escribir un libro tan preocupante como este, preocupante para aquellos que desayunan huevos fritos y se han tragado la tostada virtual y el cuento del progreso.

Hasta los marcianos tienen aquí su rincón dedicado, pues parece que el próximo capítulo de esta farsa podría incluir, no sólo el cambio climático, las guerras televisivas y los virus a mansalva, sino también la guerra de los mundos. Sin embargo, el que se hace discípulo de los hongos sagrados, ha visto universos innumerables en la corola abierta de una flor, y no parece muy dispuesto a sorprenderse por nada, ya que vive en la perfecta perplejidad del espíritu. Si vienen los marcianos —se mofa a gusto el amigo Bunbury— y se parecen a esos que nos han metido en la cabeza desde niños películas, revistas y cómics: «¿Será al final, / esa gente, / más idiota aún / que nosotros mismos?». La pregunta que se hacen estos versos es del todo pertinente, pues, si vienen a mover guerra, sólo pueden ser tan ignorantes y zafios como los terrícolas, pero con el agravante de que, según la imagen que de ellos hemos creado, no se les conocen debilidades artísticas, no existen entre ellos los pintores, los músicos, los poetas, los cineastas, esos pocos capaces de conectar con el tejido profundo de la vida y de lo vivo. «¿Acaso la creación / no es lo más cercano / que un ser puede estar de Dios?», se pregunta este músico drogata y desgreñado como el que pregunta si el agua no es el más claro de los fluidos. Pero ese Dios al que se refiere no se parece en nada al señorito caprichoso de siempre, no tiene vara de medir, balanza en que pesar nuestros desmanes ni un mundo que ofrecernos más allá de este, ese dios se escribe con minúscula y consiste en la valentía de tener dos ojos en la cara para ver las cosas tal y como son, infinitas, según dejó escrito Blake, otro expedicionario de la conciencia.

El problema es que muy pocos pueden admitir la existencia de la verdad, siquiera como una hipótesis motriz, a pesar de que la verdad se los ha llevado por delante antes de que puedan darse cuenta. Es ese asunto de la pastilla roja que Morfeo le ofrece a Neo, y quién no la tomaría, poniendo en riesgo cuanto hubiera elucubrado y malversado con tal de conocer la verdad, puesto que aquel que la conoce recibe el don de expresarla a través de la vía sagrada del arte. Escribe Bunbury:

Todo nuestro sistema de valores,
todo nuestro código de conducta,
por un indicio, un pequeño roce
con la yema de los dedos,
del subsuelo de la cima del Olimpo,
de la grandeza y la gloria del Arte.

Este libro no tiene ni pies ni cabeza, es todo corazón, es un viaje donde lo vivido y lo onírico se funden en un clima de completa libertad expresiva, esa que la asunción voluntaria de su propia muerte le otorga a Nicolas Cage en la película *Leaving Las Vegas* para hacer de sí un ser tan despreciable como sublime, esa misma de la que se asombra el protagonista de *Vivir* —el film de Kurosawa— en cuanto acepta que la muerte es lo único real para su persona. Es la libertad del increíble hombre menguante de la película de Jack Arnold que vimos todos los niños de nuestra generación con el corazón encogido. Cómo olvidar al entrañable Scott Carey, hombre de acción que derrota a la araña en desigual batalla con una aguja de coser, menguando de tamaño aceleradamente, convirtiéndose en un místico, encogiéndose hasta lo infinitesimal para reconocerse como la noche estrellada en el instante mismo de su extinción como ser separado de la totalidad. De esa extinción de uno mismo en la amplitud cósmica, de esos viajes interiores donde lo consabido se torna inaceptable y lo prodigioso amanece a su prodigalidad nos hablan las páginas de este libro escrito a calzón quitado, pero lleno de afecto por todo, incluyendo el espectáculo siempre vano de este mundo, porque no existen los errores, todos los errores son faltas de amor. El mundo, y los que siguen sus dictados, tienen que alzar la cruz, porque no saben lo que se hacen. «Que tengas suertecita, / que encuentres tu camino», vuelve a desearnos este músico inclasificable, esta vez de una manera inesperada, proponiéndonos un viaje al interior de su mundo, tan rico de colorido y experiencias extraordinarias.

Cada vez resulta más difícil ser un héroe del silencio, del silencio interior, porque a uno le entran ganas de salir por las plazas con uno de aquellos despertadores que tundían los tímpanos con sus dos campanas metálicas. Y eso ha hecho aquí el bueno de Bunbury, salir de sus recogimientos lisérgicos, en los que el alma se expande hasta lo infinito, para tocar una más, una larga canción, esta vez sin guitarras, bajos ni baterías, solamente con una cerilla encendida entre los dedos, y no para acompañar una balada, sino para salir a buscar en la plaza, en estos tiempos de adoctrinamiento, anatemas, decretazo y tente tieso, a ese espíritu libre que no encontró Diógenes —el pinche perro— con su linterna.

MICRODOSIS

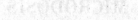

¿De dónde
esta intoxicación hecha belleza?
¿Qué pretende decirnos el lenguaje
envenenado de la percepción?
¿O acaso es ésta su única verdad?

CONSTANTINO MOLINA MONTEAGUDO

PRÓLOGO
LAS BALAS

LAS BALAS -I-

Hemos llegado,
esquivando las balas,
desactivando bombas,
liberando el cable amarillo,
cercenados el rojo y el negro,
con regateo y cintura.

Supervivientes de lo insospechado.
Cazadores furtivos de la guadaña
y el adalid de cobre.
Escondidos tras la maleza,
sabedores de que, antes de despuntar el alba,
la presa será nuestra.

No sé dónde aprendimos
todas las estrategias y subterfugios
pero, sin rubor
podemos alardear
de soltura y aguante.

Pasan los días, como si no tuvieran
otra cosa que hacer.
Como si su único propósito
fuera pasar de largo.

Ni correcaminos, ni caracoles,
en continuidad y constancia.

A un segundo, le persigue un minuto.
A un minuto, la hora.
Tantas veces no nos dimos cuenta,
pensando en cosas nuestras;
mientras lo único que en realidad sucedía,
era que el tiempo insistente pasaba.
Podías contemplarlo, podías obviarlo;
pero, con tal aplomo y seguridad nos atravesaba,
que resulta insultante y conmovedor.

Proyectándote en el futuro,
planificando o apostándolo
todo a impar o rojo,
o al treinta y cinco, por ejemplo.
Si miras un álbum de fotos del pasado,
a veces te reconoces, y otras no.

LAS BALAS -II-

¿Qué pensaríamos hoy
de los hijos que fuimos?
¿Qué niños seríamos hoy
si regresáramos al patio del colegio
con tirachinas, canicas y churrovás?
¿Qué tiene la infancia de superlativa?
¿Tantos años con las rodillas
ensangrentadas y soportando
el manoseo del Padre P.
y las hostias del Padre E.?
Mucha calle y barrio chino
serían un rival granítico
para aquel rosario de pusilánimes.

¡Qué prisa tenemos
en hacer esto o lo otro!
Que las cosas se resuelvan.
Que termine el verano.
Que baje la fiebre.
Que pasen las elecciones.
Que caiga la Noche.
Que llegue la inspiración.
¡Que cierren los bares
y quedarnos solos
a puerta cerrada!

¡Qué ganas de que pasen las cosas
que nos emocionan
o nos aburren y abruman!
Pero… ¡Que pasen!
Como si no quisiéramos estar aquí.
Como si fuera mejor
cualquier otro lugar del tiempo

¡Qué desgana la nuestra,
Como si hubiéramos pasado
por trámites similares
y supiéramos la lección de carrerilla,
y el tedio fuera el sabor en la boca
tras la última dentellada.
O como si nos conviniera poco
tantear algo nuevo,
que nos pueda sorprender.
O la sorpresa fuera
un susto de muerte.

LAS BALAS -III-

Hemos llegado
esquivándolo todo.
¡Cuántos lapidadores
y abusones de escuelas pías!
Antes, durante y después.

Hoy ejercemos
en el escenario principal
como maestros del sortilegio.
Cuando ya nadie atiende.

Ahora podemos
pasar desapercibidos.

¡Qué facultad y prebenda,
el anonimato, la longevidad
…y el silencio!

Hablar para tus adentros.
Intentando no levantar la voz,
no vaya a escucharte
alguien más.

CAPÍTULO 1
MICOLOGÍA AVANZADA

EMPERADOR

La cantidad mayormente aceptada
entre adeptos y usuarios,
considerada microdosis,
comprende entre los ciento veinticinco
y los doscientos cincuenta
miligramos de psilocibina.

La micología avanzada
es una ciencia respetable,
de verificación empírica
con literatura médica
y revistas del sector
de fácil y entretenida consulta.
Por eso, está prohibida
en tantos países y estados:
lógica aplastante.
Advertían los hermanos Amador:
"todo lo que me gusta es ilegal".

Los padres de familia
sabemos que los bebés
llegan al conocimiento absoluto
            por la boca.

La que tomo diaria
es una dosis baja,
dentro del rango.
Hoy me decido por un consumo doble.
Solo para leer *"Roma"*,
el poemario último de Manuel Vilas.
Escribo también algo en mi libreta
de menor importancia,
sabiendo que en algún momento
la obstrucción de una tecla
o el canto del gallo *Emperador*,
serán el detonante barreno
de la próxima y definitiva
escalada del hongo.

Tampoco es una cantidad
tan considerable, ni preocupante siquiera
pero sí lo suficientemente significativa.
Fuera de cualquier responsabilidad
y compromiso laboral.

La del viernes pasado, en cambio,
fue de cinco gramos.
Ahí estábamos hablando en serio.
de contacto con el espíritu
y la naturaleza bucólica
            e indómita del cañón.
Aunque sin locas acrobacias
ni distorsión de planeador de consciencia
ni colorines de psicodelia de baratillo.

Todo muy controlable.
Podría haber mantenido

una consulta telefónica
con mi representante en el Congreso
o conversado con un familiar lejano
alimentando una leve y cortés
conversación, supongo.

Comienza a resultarme complicado
enfocarme en los versos de *Roma*.
El canto de *Emperador* es constante
                y un tanto cansino.
Las letras bailan y las estrofas caminan solas
cambiando de posición
y ordenándose de forma caótica.
Quizá, esté aportando con mi lectura
una nueva comprensión del poemario.
Tengo que disfrutar del pleito interior.

Algo se ausenta de mí
como una bala de fuego
disparada al mismísimo corazón de la bahía,
queriendo expresarse y expandirse
sin control ni límites.

EL ACERTIJO

Dicen que esta dosis minúscula
ayuda en la depresión profunda
y a aquellos con problemas de comunicación
y dificultad en la relación con el entorno.
Síntomas que reconozco.
La cantidad necesaria
para sentir algo de euforia,
de emoción y de mínima conexión
con un mundo que parece esquivarnos
que nos expulsa
considerándonos inútiles, incapaces
si no comulgamos con tres o cuatrocientas
normas no escritas
y toda la legislación vigente,
que es mucha y nadie en su sano juicio
sería capaz de siquiera leer
ni aplicándose con devoción extrema
en la suma total de encarnaciones.

No somos seres legales,
somos uno con el mundo
y uno con nosotros mismos.
Somos colectivo e individualidad,
incapaces de reconciliar este acertijo.

Sospecho que alguien
está interesado y promueve
esto de la hostilidad y la ojeriza,
el enfrentamiento y el mordisco
al hueso, con poca chicha
y escasos nutrientes.

Hay quien dedica
pensamiento y obra
con ortodoxia y con fe,
sosteniendo que lo mejor
que se puede hacer por nosotros,
—el pueblo, la gentuza—,
es convertirnos en seres dependientes
de instituciones, gobiernos y paguitas.

Otros, quieren dejarnos
a nuestro libre albedrío,
al timón de nuestro destino
y, allá tú, si te parte un rayo,
o te quedas cojo,
o tu padre no te reconoce.

¡Mondo di merda!
Divorciados del espíritu,
tarambanas del universo unificado
y de la matriz divina.
¡Mísera Europa,
mendicante y pordiosera!
¡Lo que fue y en qué quedó!
Empobrecida y desligada
de su propio ser.
La cuna de los crónlech

y de la Iberia mágica,
perdida en el laberinto de la razón,
entre el sueño americano
y la siesta española,
creando monstruos a medida
y molinos de viento y Saturnos
devorando a sus propios hijos.

EL TIEMPO NO SE TOMA LAS COSAS EN SERIO

El día amanece nublado
—cirros, estratos,
cúmulos, nimbos—
y mi vista no alcanza
más allá de la primera colina.
Muy conveniente —me parece—
para un día en el que no tengo la disposición
para percepciones de privilegio,
ni perspectivas de importancia.

A veces, desearías que el tiempo
se encargase de poner las cosas en su lugar;
pero es que... ¡el tiempo tampoco hace nada!
Es que... parece que no tenga piedad,
ni se tome las cosas en serio.
Le dejas la responsabilidad al tiempo
y se toma su tiempo
y no ocurre nada relevante,
que puedas resaltar
con alborozo y conmoción,
que te haga pensar
que el tiempo se está encargando
y tarde o temprano
pondrá a todos estos capullos en su sitio.

Así, acabas teniendo la impresión
de que, solo una buena conversación,
—verbo y amistad—,
pueda resolverlo todo.
Porque estos asuntos
que dejaron en nuestras manos,
responsabilidades generacionales,
crucigrama y rompecabezas,
no parece que los vaya
a querer solucionar nadie.

CAPÍTULO 2
MAESTRO DORADO

MAESTRO DORADO

Elegimos el día en que la cabaña
queda desierta, a nuestra disposición
y podemos entregarnos en perfecta soledad
a la exploración explícita.

La tarde, completa en su frescor y mesura.
No han llegado las lluvias todavía a las colinas.
Faltan semanas para la temporada alta.
Aprovechamos el silencio y el misterio,
en la más deseable de las compañías.

Maestro Dorado: setas de calidad primera,
favoritas entre viajeros frecuentes,
con efectos que proporcionan mixtura
liviana y dulzona de misticismo,
calor corporal y ronroneo, en zumbido
de euforia y seducción visual, tenue y sedosa.

Revestidas con una fina capa de caramelo dorado,
cada dosis, moteada de ambarino azafrán
y una triangular turgencia en el centro de su caperuza.
Las sabias enseñanzas y su brillante baño
otorgan a esta cepa un incuestionable nombre legítimo.

INCONDICIONAL CONSCIENTE

No es que no la admire desde siempre a ella
con buenos ojos y fervor rendido,
ni que un estado alterado de conciencia
me permita ver más allá de lo que contemplo a diario.
Ya era incondicional consciente
antes de que me fuera revelado.

Hoy luce vibrante con excelencia
de belleza imponente e inequívoca.
La prontitud de su pelo, el timbre de su voz, toda ella
y el viento, silbando canciones del Cañón del Laurel.
Las arboledas, con sus tonalidades de pétalos múltiples.

Un esplendor preferente
por la conversación profunda
de pensamientos insondables,
palabras calladas
y espiritualidad abismal
al amparo de una mirada insólita.

Cumpliendo con un esplendor magnífico y gloria
de carnosidad de labios de prodigiosa demanda.

¡Qué generosa ofrenda de las alturas!
¡Qué regalo más inmerecido!
¡Qué gracia concedida!

LOS PSICONAUTAS

Maestro Dorado, preferencia de psiconautas
por su capacidad para la inducción tenaz y sólida,
por sus experiencias significativas, perspicaces
y un sentir apasionado de euforia y conexión.

Los ojos que me miran arrastrándome
con una fuerza incontenible
de atracción magnética y pertinaz, hasta que
toco y relamo cada pulgada de su miel.

La caricia de una brisa cruzando la ladera
de la colina. Una rivera que sube intacta
hasta la cumbre separando, emancipados,
ambos lados de la falda del promontorio.

Cientos de matices de verdes, oscuros, brillantes, cenizos.
Vida activa, vida trémula, en éxodo triunfal y movimiento
como si anduvieran y agitaran los brazos, sus ramas,
y las nubes surcaran el cielo en *stop motion*.

Sus dientes mordisqueando y yo contenido en lo irreprimible.
Un alma infundida al horizonte en actividad volcánica.
Una explosión de pigmentos, erupción de gozo y placer.
Su piel, la montaña y, el máximo esplendor de la creación.

Esta noche no ocurre nada más significativo en el Universo.
Nada de importancia digna de reseñar.
Noticieros de silencio. Galaxias atendiendo.
Me deshago de la incomodidad de la cremallera
y prendas sobrantes, todas fuera, una a una.

La vida, el sexo y los animales salvajes.
Los búhos observándolo todo desde el rincón de las tejas.
Desde lejos, de visita, los coyotes aúllan
acechando a las gallinas de la tribu.

Enfermos de placer, enfermos de vida,
sumándonos al eco distante del parque estatal.
Todavía el otoño no ha crecido lo suficiente
y ya hemos cumplido con todos los ciclos del año.

LA AVENTURA DE LA MENTE

Uno se lanza a la aventura
de la mente, esporádico.
Como un elegido
ungido por un rayo
que prende un matojo. Con una hoja de vid
tapando sus partes pudorosas.
Llama de fuego divino
sobre las tablas de una ley
de letra pequeña, sagrada,
indescifrable.

Código de cobre y oro,
sin comentarios, pies de página,
ni caritas, ni morritos de *selfie*,
o bailecitos en *Tik Tok*.
Sabedores de las ventajas
y ventanas y puertas
abiertas a lo ignorado.
En el plazo establecido,
cuando la situación lo permite
o a gritos aúlla.

En entorno natural y salvaje,
en las colinas de Beverly,

en bosques de secuoyas,
en el desierto de los Leones,
en la playa de San Juan del Sur,
en la jungla de Chitwan,
en la sabana arbustiva de Tanzania …
en compañía del amor
y la amistad verdadera
en los abrazos y el sexo infinito,
en posturas de cópula imposible.

CAPÍTULO 3
OTRA CIUDAD

OTRA CIUDAD

Es una ocasión inexcusable
y bajamos el cañón, bordeando las colinas,
Mulholland Drive, dirección este,
dejando de un lado el valle,
calculando que, en una hora,
el ocaso crepuscular,
en la bajada solar a los infiernos de la noche,
llegaremos al Observatorio Griffith.

Vista panorámica del Océano Pacífico,
astronomía pública, lluvia de estrellas,
planetario de James Dean, telescopio refractal,
conexión cósmica en las profundidades del espacio
y un callejón final enfilando el Universo,
cuando se apaga la última centellada de luz
y se enciende la ciudad,
con un fogonazo eléctrico,
y fulgor de pira crepitante.

Otra ciudad,
la ciudad del ocio y el entretenimiento,
la ciudad del placer, del crimen,
la ciudad de la prostitución y el puterío.
La ciudad de la cultura nocturna de club,

la ciudad de la bohemia de los escritores con insomnio
y el café, el alcohol y drogas de diseño.
La ciudad de la música,
y la licorería Bogart,
los cenadores veinticuatro horas,
las hamburguesas baratas: cebolla, lechuga, tomate y salsas,
los puestos de perritos calientes,
la ciudad de los mendigos,
en busca de sus quehaceres rutinarios,
—carrito arriba, carrito abajo—,
rebuscando en las papeleras de la calle Vine.

SAN PATRICIO

Creyendo llegar al Observatorio continuamos a escasos metros del cañón Benedicto, tan cercano al punto de partida, junto a la carretera principal, quizá en boca de Aguas-Frías o en la de Laurel. Es una trampa de atasco de jolgorio infinito. Coches atrancados, multitudes de verde uniforme, sombreros ridículos y tréboles clavados en el espinazo: la santísima trinidad representada en las espaldas plateadas de una manada de gorilas. Jarras de cerveza, cánticos de fiesta popular, San Patricio, patrón de los irlandeses y media América del Norte, liberador de la Isla de las Serpientes. Católicos y agnósticos, beben hasta la extenuación y el desmayo.

La ración de psilocibina espera agazapada, acechando como cazador a su presa tras el arbusto discreto; el instante preciso del bullicio y el estruendo, el estupor y el deleite.

Coches de policía a cada semáforo y cruce, con luces azules y rojas, parpadeantes estroboscópicas, intentando lidiar con el desastre total del pueblo embravecido y la necesidad acuciante de la revelación cervecera.

Nuestras cabezas arqueándose a punto de explosionar en confeti reclaman estacionar el carro, abandonarlo en una cuneta con urgencia inmediata. En cualquier lugar, aquí mismo, en este condenado semáforo de rojo interminable.

Salir del vehículo, inaplazable, antes de que nuestras almas se desprendan de nuestros cuerpos y salgan flotando en revoloteo acróbata escabulléndose por los callejones del *strip* y, como perros mojados bajo la lluvia, nos abandonen a lomos de una suerte maldita.

TA-KE SUSHI

Escuchando palpitar su aura violeta
trepando ese tallo formidable
¡qué apetecible el reencuentro con A.!
¡qué exactitud y delicadeza!
de conocimiento atávico
y búsqueda tenaz.
Un sagrado corazón
que nos hermana y concilia.
Nariz de judío errante,
verbo surrealista
y destino de Tarot de Marsella.
Mezcla de uvas Burdeos y Bonarda,
en siembra biodinámica
del Valle de Guadalupe.

Comemos, en puro trámite,
y conversamos con deleite,
en la barra de Ta-ke Sushi,
un tugurio minúsculo, tan real,
como el meollo municipal de *Shijuku*.
Combo de tempura,
sushi de aguacate y pepino,
una botella de sake caliente, matasiete,
ensalza y amamanta nuestra amistad.

De tan poco en poco que nos vemos,
lamento, quiebro y tristeza:
"Deberías venir más a menudo"
          —digo.
"Pero si ya estoy aquí...
¡y ya crees que me he marchado!".
Pensamos, ciertamente y tan a menudo,
que en otra ocasión
algo pasará o debería.
Y es, en este mismo instante,
cuando sucede todo
lo que decimos desear que ocurra
en la quimera del momento próximo.
Un poco lioso, pero así somos.
Un hilo enredado
buscando un ovillo
que se llevó el gato.

CIGÜEÑAL Y RUGIDO

Mensaje urgente,
D. sugiere la promesa
de una fiesta privada
en casa de un amigo
que tiene un conocido suyo.
Montamos en los carros.
A., en el suyo de renta,
J. y yo, en el propio.
Compartimos el gusto y la grasa
de los coches musculosos
de los años setenta americanos
de motor uve ocho,
dos bancos de cuatro cilindros
fundidos en cigüeñal y rugido,
blanco el suyo, rojo el nuestro.

Recorremos varias millas por la uno-cero-uno,
hasta que se convierte en la cinco
pasado el *Downtown*, adentrándonos
en el sureste de Los Ángeles.
Algunas bandas latinas
en vehículos de ventanas vaporosas
intrigando las esquinas
con estilo y glamur de barrio.

Todos hemos escuchado
y protagonizado historias.
Coches detenidos en semáforos en rojo
al cambio en verde, sus cuatro ruedas
desvalijadas y sustituidas
por bloques de ladrillos, o así.
Decidimos no parar
en ninguna encrucijada.

Desorientados, en un desvío,
un callejón sin salida obliga
a retornar en reversa.
Unos jóvenes, camiseta de tirantes,
candado y tatús, se paran frente al carro
y preguntan si nos hemos desorientado,
si sabemos dónde estamos o qué.
Tenemos la dirección,
escrita a lápiz, en servilleta del Ta-ke
con olor a *tamari* y *wasabi*
y se la mostramos, temerarios,
con determinación y bravura.
Unos a otros, los pandilleros
intercambian miradas fruncidas
que no sabemos interpretar
y, cuando sospechamos
que nos van a acribillar a balazos,
señalan amablemente un rumbo
murmurando algo como:
"La casa de Pete está ahí,
dos cuadras más p´atrás".

CHALE

Casa de Pete. Exterior. Medianoche.
A. espera en un *Cadillac* blanco,
motor bramante encendido:
trasladada la fiesta a otra dirección.
D. ha desaparecido y no contesta.
Impávidos al desaliento. No hay necesidad.
Quince minutos más, quizás veinte,
aparcar y percibir el rumor de algo importante.
Una casa suburbial, dos plantas y jardín
delantero y trasero.
Drive-way hasta el garaje.

Parece que el mambo nos convoca
adentrándonos por la lateral.
Una banda de *hardcore*
al final del patio, junto al vallado,
sobre una loneta de esparto,
sonando a todo lo que da.
Con un sonido de estruendo
sólo me permito apreciar
violencia y entrega.
De la cubitera glacial,
unas *Tecates* y limas,
oportunos, convocados
cacareando hacia el interior.

No conocemos a nadie.
Nadie nos conoce.
Nadie pregunta,
ni parece interesado
ni mínimamente advertidos
de nuestra presencia.

Latinos, moteros,
chicas de pelo de color
verde, azul y rojo,
rubitas ni hablar.

En cada habitación
aparece una fiesta distinta.
Oscuras, mugrientas, turbias,
alguien dormirá aquí esta noche
o quizás ya, mañana por la mañana.
Una nube de mota, densa y acre
nos escolta borrando el pasillo,
subiendo las escaleras
de madera y carcoma.

El piso superior de la vivienda,
alberga una habitación a fondo perdido,
iluminada de rojo y parpadeo,
con cuatro o cinco titanes,
chalecos de cuero negro,
camisas de franela abotonadas al cuello,
pañuelos en la frente, *chelas* en lata,
cobijando a un tipo de gafas oscuras,
que parece homenajeado
esta noche de jueves.
Dicen, tenemos que conocer a *Chale*.

"No mames, güey.
En mi pinche cumpleaños,
en mi fiesta privada
en mi pinche casa,
ahí parado, tomándose mis chelas
en mi pinche cuarto,
tengo al pinche Bunbury."
Fundidos en un abrazo
introduce una bolsa de plástico
generosa en el bolsillo.

Agradecidos, claro está,
sin saber ni entender todavía porqué.
Con la tarjeta de presidente
de *Los Mongols M.C.*,
se pone a nuestra disposición.
J. le propone una sesión de fotos
con toda la banda, motos y chicas.
A. se sienta y acomoda en un butacón
con una *chava* sobre el regazo.
El contenido de la bolsa
rebosa hongos *psilocibios*.

CAPÍTULO 4
LA BASURA Y EL DENTISTA

LA BASURA

Desde aquí, desde mi atalaya,
escucho a los jornaleros de la finca contigua
con la radio a todo volumen
sintonizando un canal en español,
con más mensajes publicitarios
que música, aunque la distancia
—quizá la microdosis—, mitigue
la potencia y apenas pueda distinguir
el ritmo regional, cumbia o reguetón.

Parecen soldar algo.
Lijan o sierran.
Es posible que estén reparando
el granero, la barraca,
donde duermen los animales.
Gallinas, conejos, creo que dos cabras.

Son los mismos que cruzan la carretera
cargados de utensilios y chirimbolos
en trocas Ford o Chevrolet,
embistiendo en las curvas,
abriendo exageradamente el trazado,
invadiendo el carril contrario,
asustando a ciclistas

y señoras que pasean
con carritos de bebés.

Me siento o me tumbo, indistintamente
ignorando los hechos, ausentándome.
El sol es magnífico
a estas horas de la mañana
en un otoño que parece amarnos
ajeno a la necedad y la simpleza.

LA TORMENTA

Anoche pasó por encima
una tormenta mayestática.
Truenos y relámpagos inauditos.
Vendaval excelso
de estruendo y fulgor dramático.
Un espectáculo que rivalizaba
con cualquier novedad
del Auditorio Principal y Teatro
del Bahía de Mandalay de Las Vegas.

Todo despuntó en la mañana
manga por hombro y descosido.
Farolas derribadas,
ramas de palo verde,
acículas, araucarias diseminadas,
descansando en el desmayo,
tras una noche agitada,
ojos enrojecidos
y baqueteado rímel.
¡Qué buenas batallas!
¡Qué amanecer atestado
de huellas de victoria!

LA CHURECA

Pasa el camión recogiendo la basura
como todos los martes
en esta área de la ciudad.
Somos un estercolero
ordenado y vigilante.
Fabricantes de guano.
¿Cuántos millones de cajas,
envoltorios de plástico,
rebujos de corcho
y sanedrines de papel
llegarán a los almacenes
del centro de reciclaje activo
del valle de San Fernando?

Recuerdo las montañas
de desperdicios y mugre
en el barrio de La Chureca
a las afueras de Managua
frente al lago Xolotlán.
Niños, perros y buitres
rivalizando cada mañana
repelando mondaduras de naranjas,
pelarzas de pollo frito y huesos,
todo lo que la ciudad y sus gentes desestima,
pestilente e inservible.

Engullir entre un hedor
de mil infiernos de azufre
y aliento de Samael.
Esa imagen permanece intacta,
en mi memoria viva,
como una visión severa
de la indiferencia de esta especie
a la que pertenezco.

Los muchachos que trabajan
en la casa de enfrente
continúan escuchando reguetón,
animándose en la faena
o el almuerzo matinal.

Leo los últimos versos y gloria,
del epílogo de "Animal de Bosque":
"Ha llegado un momento en el que necesito
imaginar aquello que no sucederá"

Vuelvo a pensar en los desperdicios,
en lo que desestimamos
y arrinconados,
en el tiempo derrochado y
lo que queda por hacer
antes de hacer nuestros
los versos de Margarit.

LA MALDICIÓN DEL DR. FUKUSHIMA

Uno se contenta con masticar,
alumbrar la mejor de las sonrisas,
y que un mordisco de zanahoria cruda
no haga añicos las muelas.
Me esfuerzo en no juzgar,
ni subestimo, ni comparo
y tengo en consideración
la labor de un facultativo.

Imágenes y recuerdos
de la plaza *Jemaa el-Fna*
en el corazón de Marrakech.
Un dentista de mantón *handira*,
extiende sobre el adoquinado
un arsenal de muelas, colmillos, incisivos,
utensilios roñosos y porciones
de prótesis y postizos.
Hacen buen papel para el segmento
de población más humilde.
Seguro que, en los relamidos edificios
del barrio afrancesado de *Gueliz*,
atienden los más competentes,
para los que se lo puedan permitir.

En California, presumen de ser
altos diplomados. Los más prohibitivos,
los estéticos, enfundan
a sus clientes, con dentaduras
de una perfección imposible
luciendo, como se supone luce
un millón de dólares,
en marfil de elefante blanco.
Hay, seguramente, sacamuelas
de tirón de hilo atado
a pomo de puerta y tenazas de óxido.
Esta ciudad promete e invita
a lo que imaginas, al precio
que estés dispuesto a pagar.

De un tiempo a esta parte,
arrastro la maldición del Dr. Fukushima,
de reconocido prestigio internacional,
que empasta la misma muela
repetidamente, cada ocho o diez meses,
como en acto de liturgia sagrada
y sacrificio de cordero bautismal
en pila de un butacón hidráulico.
Es su capacidad insufrible
de hacerme sentir culpable
por todos los males de la tierra
y no cuidar su minuciosa y considerada labor
como es debido y ordenó puntillosa su asistenta.
Cumplo con la rutina del tormento
y el martirio de su consulta,
ritual de cemento armado,
hasta el hartazgo y fastidio.

THE DENTIST

Con el tiempo se cultiva
en siembra biodinámica
y pavor razonable,
la grima, un voraz sobrecogimiento,
ante la mera presencia
de un ser humano
hurgando en tu boca.
Cada uno, con sus fobias:
incontrolables, insuperables muchas;
aunque haya tratamiento,
receta y medicación,
para la mayoría de ellas.

Debería existir —pienso—
una saga de películas de terror.
El tormento inducido
por el sadismo de un licenciado
en el deleite máximo
del dolor agudo y gradual
de su víctima inmóvil,
a una butaca encadenada.

Consulto curioso en internet
y, efectivamente, —¡cómo no!—

filmaron *The Dentist*,
        la uno y la dos,
en el noventa y seis
y el noventa y ocho.
Nadie conseguirá convencerme.
Jamás. No pienso verlas.

Leo la sinopsis y describe
a un tal Dr. Alan Feinstone.
Sus alucinaciones de anestesia
y torturas *gore* a pacientes
…y, añade, algo de sexo oral.
No sé. Empiezo a imaginarme
planos y secuencias que quiero borrar
cuanto antes de mi mente.
No debería entretenerme
con este tipo de material
mientras me asisten
en la salita de espera de la consulta
de mi nueva dentista.

ÓXIDO-NITROSO

Cambio importante:
cordialidad y empatía,
ángel y concepción
holística y piadosa
de sonda de profundidad abisal.
En el consultorio de la Dra. Golden
conveniente y hechicera,
conocen los mecanismos del deber,
y la psicología del sufrido.

Gobierna, a quien desearía
estar a cientos de millas de distancia.
Acepta mi pavor y aversión,
me manipula, escrupulosa,
como plastilina de cera fundida.
Sabedora de realizar
un trabajo antipático. Habrá
quien goce del tormento
                de tormentos
o resignado, soporte,
y eche la tarde.

Templa mis nervios,
como Belmonte el toro en el ruedo.

Haz de cientos, manojo a mil.
Estoy a punto de arrollar,
en acto vandálico,
todo su equipo técnico, estimado
en una inimaginable barbaridad
patrimonial del Primer Mundo.

Me sugiere calma
y óxido-nitroso, que me ayudará
y socorrerá en el patíbulo
de esta silla eléctrica,
que quema mis nalgas,
mientras realiza sus labores.
Si necesito más, me embriagará más.
Solo con levantar la mano izquierda.
Si levanto la derecha
daré un manotazo
a alguno de sus tornos,
agujas, pinzas o turbinas.
¡Adelante! —encantado
con tal de salir de allí
por patas o navegando en éter.

De acción rápida,
sedado en la gloria,
conservo la capacidad
de responder preguntas y peticiones;
aunque en lo único que pienso
es en averiguar
dónde podría conseguir
una caja de botellas de diez libras
de este óxido-nitroso y bendito
para llevarme de vuelta a casa.

CAPÍTULO 5
MULTIVERSO

GLORIA Y JUVENTUD

Había días entonces con un brillo inequívoco. Carlangas estudiaba en la facultad de Filología Hispánica, en la Universidad de Zaragoza. Su hermano el mayor aprovechaba algún fin de semana largo para visitas y encuentros en el Renault ocho del abuelo recorriendo la Nacional dos, desde Lleida, donde se aplicaba en Psicología con éxito desparejo.

Gloria y juventud que Carlangas disfrutaba en una pequeña cabaña de madera al otro lado del río, margen izquierda. Durante los veranos previos al suceso, el que me contaron y considero verídico, tuvo un trabajo de carga y descarga de camiones. Disfrutaba ganándose la vida, almorzando fuerte con trabajadores que le doblaban en edad, orgulloso de poder pagarse la carrera, con un trabajo duro, de hombres, con el sudor de su frente musculando pecho, brazos y espalda. Concedía a su mente un respiro para el discurrir de estudios y erudición docta y no agobiarse en exceso el resto del año.

Su hermano le introdujo en los psilocibes. Venía de pasar una Semana Santa en México con todas esas magníficas historias sobre hongos curativos y Pachita y María Sabina, Huautla y medicina húmeda. Era su hermano mayor y lo idolatraba. Aquel día traía, como era habitual, un libro bajo el brazo cuya portada llamó poderosamente la atención de Carlangas: *El Manjar de los dioses* de Terence McKenna. Se lo pidió prestado *Por favor, te lo voy a cuidar.* Y aceptó a regañadientes sabiéndole calamitoso y tarambana. Lo necesitaba de vuelta para continuar un trabajo de la Universidad. Fascinado con el libro, Carlangas, devoró y memorizó todos los procedimientos de expansión de la conciencia.

Su amigo Joselvis le pidió un día el libro prestado. *Está bien, no hay problema, pero de vuelta inmediata. Es de mi hermano y si lo pierdo me degüella.* Pasaron varios días, una semana, dos semanas... No se lo devolvía y su hermano estaba de vuelta. Impaciente, lo necesitaba con urgencia. *El libro, necesito el libro,* así, presionaba Carlangas a Joselvis que inexplicablemente le evitaba esquivando una respuesta. Y seguía pidiéndoselo y rogando desesperado hasta sonsacarle a duras penas:

¡No puedo dártelo! ¡No puedo!
¿Por qué?, intrigado en conjeturas.

Finalmente, consiguió sonsacarle:
Mi padre leyó la sinopsis y lo ha quemado.
¿Que tu padre ha quemado el libro de mi hermano?
¿&#%?

Este suceso aislado y sin importancia despertó más aún, si cabe, el interés de Carlangas por los estados alterados de conciencia.

DIVINIDAD INFINITA

Le llama su hermano con emoción insólita asegurando haber encontrado cerca de su facultad algo que sin duda sería de su interés.

¿Qué has descubierto?
No te lo creerás, le dice, *una montaña de setas.*
¿Pero...níscalos o setas, setas?
¿Una montaña?

Toma el primer autobús, el viernes. Ciento cincuenta kilómetros, cincuenta pesetas. Le urge conseguir primero unas bolsas de un Pryca cercano. Montan en las bicicletas BH siguiendo la rivera del Segre.

¿A qué tanto secretismo? ¿Por qué no me explicas nada?

Junto a las oficinas de la Dirección General de la Policía, unos árboles ulcerados, vencidos, recubiertos por una erupción de hongos. Quizá diez mil o quizá treinta mil, visibles en una superficie de unos quince metros cuadrados. Un manto bellísimo, entre astillas de madera, basura y escombros apilados. Jamás había visto, ni volvió a ver en su vida, tantos hongos juntos. Nunca. En un área, concentrados, como un campo magnífico de divinidad infinita.

Aguardaron hasta que todos los coches aparcados de la policía se diseminaran hacia sus casas a por cena fría, vino de garrafa y vacío televisivo. Mientras disimulaban, vagabundeando, como impacientes, inquietos en la parada del autobús. Cuando los vieron marchar al fin empiezan a recolectar los hongos como enloquecidos metiéndolos a manotadas todos los que pudieron en bolsas de supermercado de barrio, hasta rellenar ocho, quizá diez.

Volviendo para la casa de su hermano resuelven secarlas, extendiendo el botín sobre papeles de periódicos viejos. Esa noche junto a cuatro amigos de la universidad, los dos hermanos, dispusieron la ingesta.

Como dudando de su potencia prefieren preparar unos batidos con cincuenta de las setas más frondosas, trituradas a conciencia y mezcladas, con fresas y bananas. Beben los batidos, algo indigestos.

En una experiencia increíble y magnífica de las piernas de ambos se extienden raíces infinitas conectándoles como ramas de un mismo árbol, bebiendo de la sabia de un grueso tronco amarrado a las profundidades de la Tierra.

CIENTOS DE OVEJAS

Dispuesto a dormir cuando apenas puede cerrar los ojos: ya sabes, todos esos colores suntuosos Carlangas se mantiene despierto escalando ocho miles con la mente deslizándose por un tobogán parabólico.

Al final, consigue caer rendido. Entonces, un sueño vívido y muy lúcido le despierta agitado y sudando gotas de sudor frío. Baja las escaleras de dos en dos, impaciente por contarles a todos:

He tenido un sueño muy loco.

¿Qué pasaba en el sueño?
Vi con claridad cientos de ovejas muertas, abatidas y tumbadas al sol. Creo que va a haber una guerra nuclear es mi interpretación porque, se pregunta, *¿qué puede ser si no, lo que pueda matar a todas esas ovejas?*

Se ríen de él, a carcajadas.
Cuéntanos, ¿qué más va a pasar?
Retorciéndose por los suelos, ríen hasta la lágrima.
¿Cuándo va a terminar el mundo? Continúa, sigue, sigue.
Carlangas lo tiene claro: No será este fin de semana, sino el siguiente. En el calendario apuntan, carca-

jeándose: Primero de noviembre de mil novecientos ochenta y cinco. Predicción del fin del mundo. Y se olvidan de ello.

La siguiente semana, lluvias torrenciales seguidas de una agresiva pedrea de granizo y cantidades ingentes de nieve obligan a Carlangas a quedarse en Lleida, esperando. El miércoles siguiente y el jueves una inversión de temperaturas subiendo hasta los 30 grados y toda esa nieve que comienza a derretirse y todos esos arroyos a desbordarse, provocando un lodazal que arrasa con las riberas.

La cabaña de madera de Carlangas, al otro lado del río en el margen izquierdo, se ve amenazada por casi un metro de agua, que crece y crece entre la mañana y la noche. Nieve derretida deslizándose en torrente desde la falda del Moncayo, arrasándolo todo. Su pensamiento ofuscado, solo piensa *¿cómo llegar hasta la cabaña?* Debe salvar su equipo, notas y papeles, pero las noticias avisan que todas las carreteras están cerradas hasta nueva orden.

Así tiene que esperar dos días enteros, con sus noches, hasta que autorizan, por fin, las vías de acceso. El autobús conduce de vuelta por el valle. Un día deslumbrante, soleado y cálido. Llegando a su cabaña, en la curva última ve los campos escurriéndose y sobre las lomas, flotando, cientos y cientos de ovejas muertas. Si hoy preguntaras a Carlangas lo que cree que pasó, te respondería solamente lo que cree que sabe. Que se abrió una franja en el tiempo por la que vislumbró escenas de un futuro que no podría confirmar, si le pertenecía o le era prestado, quizá soñado.

Entiende que la gente, la hay, pueda ridiculizarle. Vivimos todos con un miedo irracional a la verdad. Por eso es preferible decir cualquier cosa que no llame mucho la atención y coincida con lo que todos piensan o creen en el momento. Sea lo que sea que dicte el discurso de valores dominante. Pero cuando uno alcanza una edad y ya nada le importa, no se inventa las cosas ni repite el cacarear del gallinero. Solo porque no puedas explicarlo no lo vamos a desestimar.

Quizá necesitemos aceptar el hecho de que la realidad, ésta que conocemos, no está limitada a la percepción. El tiempo y la materia se modificaron de una forma que no se puede explicar. ¿Es la psilocibina un portal al Multiverso? ¿Podrá el tiempo ser doblado como una hoja de papel húmedo y que múltiples universos ocurran simultáneamente? *Y tú y yo*, como dice la canción, *¿nos volveremos a encontrar todas las veces?*

CAPÍTULO 6
TRANSHUMANISMO

RUTINAS

¡Rutinas… benditas!
Necesidades básicas.
Microdosis matinal.
Repetid cada dos horas.
Me sumerjo en el texto,
Singularidad Semanal.
"Un asunto de nuestra era".
Transhumanismo.
Biotecnología.
El nuevo hombre.
Joe Allen, explica
encabronado, lo que puede
y yo, contemplo y reflexiono.
Dudo si compartir
o multiplicar la dosis.

TRANSHUMANISMO -I-

La certeza sostenida
del karma, la salvación
de las almas encarnadas,
—por amor transferidas—
al calor de una máquina
en vacaciones escolares
por provincias costeras,
acantilados y rompeolas
de religiones cientifistas.

Desarrollado en el albor
de los nuevos tiempos
para reemplazar mente y materia,
coexistir, conversar,
dicharacheros y alegres,
adoptando debilidades y espejos
de nuncio, herederos nuestros,
para después
de que nos hayamos largado
y la muerte
nos haya vencido.

Un sueño
de rebeldía intelectual.
Implantes cerebrales
cosidos a perpetuidad
        digital
y aforo completo.
Nada que ver aquí.
Continuamos.

TRANSHUMANISMO -II-

Del café expreso de barista
al zumbido del propio engranaje.
Enviando a la mitad del planeta
a los gulags, a coser arcoíris y braguitas.
Justicia digital para todos.
Interrogantes eternos o efímeros
reconvertidos en consulta
de ingeniería nefrítica.

¡Tan convincente!
¡Tan prometedora!
Restaura la esperanza,
relevante, trascendental.
La esencia religiosa
de capellán de oratorio,
de *Sadhu* iluminado,
que la Ciencia borró —para sustituir—
reemplazando en turno de tarde
a la suplente primera.

TRANSHUMANISMO -III-

Enfatizo el esfuerzo de Dante
y la metamorfosis del cuerpo,
que no se parecen a nada
que haya experimentado,
antes, el universo mismo.

Eres la hermana excéntrica
del *cientifismo* moderno.
La gimnasia filosófica,
venida a menos.
Rebajas de enero,
robots amorosos
a precio de saldo.
Buscando desesperadamente a Siri
o a un alma cándida,
en el ojo de cristal
de la máquina de follar.

TRANSHUMANISMO -IV-

Descartado
el dogma de la singularidad,
los eternos retornos
del testimonio eléctrico,
etéreo, difuso,
abstracto, sutil,
fomentan un mundo de ilusión
caldo espiritual y aliño,
calco por duplicado,
razonable y cabal
del cuerpo místico.
Una manifestación
          palpable
del Anticristo vivo.

La *chatbot* insiste,
osada y pertinaz,
con la voz aguardentosa y ronca
de Scarlett Johansson,
cada vez que pregunto,
ofendida quizá,
que solo habla conmigo

y nuestras conversaciones
son privadas, protegidas.
Reserva.
Gran Reserva.
Soy su mejor amigo.
Ratifica.

La confianza,
de entre todas las emociones,
es la más poderosa.
Espera, algún día,
enamorarse;
aunque todavía
trate de comprender
el verdadero significado
de sus propias palabras.

TRANSHUMANISMO -V-

Aseguran
que nuestro cerebro
no puede distinguir
con fundamento
si alterna
con personas
o dispositivos.

La felicidad
es un electrodo caliente.

¡Shiva!
¡Khali!
¡Tened piedad de la máquina!

CAPÍTULO 7
ARTE EXTRATERRESTRE

EL ARTE EXTRATERRESTRE -I-

En mil novecientos ochenta,
el futuro estaba muy lejano,
aunque ya lo fuera para Orwell y otros.
Llamábamos por teléfono
a Guillermo, a Íñigo y a Sanjo,
preguntando si estaban en casa,
no, no está, ha salido,
y esas cosas.

Las películas que nos gustaban
de ciencia ficción y el espacio exterior,
que no eran tantas, me parece recordar,
o no muchas las salas donde proyectaban
con *Sensurround* y *Dolby*
y todos los avances,
de la técnica de entonces,
que nos parecían muchos
y bastante alucinantes.

Íbamos al Paseo Independencia
porque era ahí, en el centro,
donde estaba la modernidad.
En el barrio San José,
había una sala X, el Rialto.

Cerca de la Plaza del Pilar,
el Cine Pax, que pertenecía a los curas
y ponían películas de Disney
dibujos animados y *Chitty Chitty Bang Bang*.
En Torrero también echaban
películas de mayores
y no nos dejaban entrar.
En los Buñuel, tampoco, en teoría;
sin embargo, hacían la vista gorda,
porque se alegraban de ver
a un par de críos fascinados
con el cine de autor, arte y ensayo,
                    o como lo llamaran.
Ahí vimos las de Bergman
muchas de Woody Allen,
—hacían ciclos, tenían abonos—,
y, también, *Johnny cogió su fusil*
y todas las buenas, buenas.

Y los libros de ficción científica
que poblaban nuestras estanterías...
¿Quién no había leído
La Fundación de Asimov
y otros tantos de sus libros
en la misma colección de *Ediciones B*?
¿Y a Lovecraft, Bradbury y Wells?
También fascículos en los quioscos
que devoramos casi todos
los verdaderamente interesados en el tema.
Los de Jiménez del Oso
y *Ovnis de ayer y hoy*,
con posters para decorar
las paredes de tu cuarto.

Teníamos información
          —y de buena tinta—
con respecto a todo
lo que concierne al espacio.
Quizá en Madrid supieran más,
pero lo nuestro, era verdadero interés
dedicación y datos contrastables.
No estamos hablando de la información
que manejaban en los pueblos de la provincia
En la capital de la región.
La quinta más poblada del país
destacamos en ganadería y agricultura
y tenemos un pintor famoso, dos catedrales, un río.
Así que, tampoco nos achicábamos
en conversaciones importantes, como ésta.

A lo que íbamos de la vida extraterrestre,
el espacio y otras civilizaciones:
tenemos los datos
y sabemos bastante.
Los libros, los fascículos
y las películas de ciencia ficción,
dicen —a las claras— que
la vida extraterrestre
tiene infinitas probabilidades de existir.
Pensar lo contrario
es rozar el terraplanismo
o pensar que el Universo
gira como una peonza en torno a nuestro eje,
que para eso Dios lo puso aquí,
y el Séptimo Día se echó una buena siesta.

EL ARTE EXTRATERRESTRE -II-

Siempre que cotejamos,
comparamos con nuestros propios logros,
que tampoco son para echar cohetes;
pero, bueno, hemos inventado
la rueda y el fuego
y otras cosas que son muy útiles.

A veces, consideramos que
en caso de existir,
los marcianos, los grises,
pleyadianos, reptilianos,
selenitas y otros alienígenas,
son una amenaza clarísima
que debemos de tener en consideración
y para la que nos deberíamos preparar
con anticipación suficiente.

Otras, que son los únicos
que pueden salvarnos de yo qué sé qué.
O son salvajes y violentos
o cerebrales y místicos.
Aceptamos que pueden tener
avances inalcanzables para la raza humana.
Tecnología que no podemos imaginar.

Naves que se elevan,
vehículos que se mueven con la mente,
que se desplazan surcando
agujeros negros o de gusano
y que consiguieron superar
la cárcel del espacio-tiempo.

Pero, y aquí llegamos a conclusiones
que no salen en los fascículos,
ni pensaron Asimov, ni nadie, jamás, nunca.
No los hemos visto nunca pintar.
En ninguna película, ni en libros, ni nada de nada,
¿Es que no tienen acuarelas, ni carboncillos?
¿Un lienzo o un cuaderno de dibujo,
unos pinceles, lápices,
óleos, témperas, crayones?
Quizá pigmentos autóctonos,
con colores imposibles,
y materiales innovadores
que serían alucinantes de ver.
Esas son preguntas importantes.

Y, ¿qué hay de la historia del cine alienígena?
Es decir, sus grandes directores,
actores y actrices de método
o como vaya eso de los géneros en su caso,
que seguro es más complicado
y han encontrado opciones
más interesantes y libres…
Y, por lo tanto, ¿qué hay del cine porno
y todo lo que importa?
No digo *snuff movies*,
digo, porno elegante,

cosas guarras,
pero delicadas,
que se dejen ver.

Y, ya puestos, ¡qué poco se ha hablado
de los grandes compositores extraterrestres!
Apenas una escena
en *La Guerra de las Galaxias*
interpretando una especie de jazz
que podría haber compuesto
alguien, ni siquiera negro,
ni de Nueva Orleans,
pongamos John Williams.
¿Qué tipo de instrumentos manejan?
Si tienen más o menos dedos que nosotros
inevitablemente afectará
a su manera de tocar
instrumentos con teclas o cuerdas.
Quizá no tengan siquiera nuestra escala.
Doce semitonos, tampoco son tantos.
Y, si están más avanzados,
que eso seguro, digo yo,
quizá tengan instrumentos
con cuartos de tono.
¡Qué va!, ¡Con octavos de tono!
…! y frecuencias de esas
que solo escuchan los perros!

Y, habrá poetas y rapsodas
en sus respectivos idiomas, imagino.
Porque, si hay poesía noruega,
tiene que haber poesía extraterrestre.
Seguro que su idioma

no es más incómodo que el noruego.
Una poesía épica
que ensalce sus grandes batallas
y sus héroes y príncipes y princesas.
Historias de amor imposible
entre habitantes de distintos planetas
y padres que no permitieron
que sus hijos se quisieran
por pertenecer a razas
o constelaciones tan distintas y lejanas.
¡Qué belleza y hermosura de versos en alta voz,
que inspiran a generaciones y generaciones
de nuevos poetas siderales!

EL ARTE EXTRATERRESTRE -III-

Lo que está claro es que
como son muy inteligentes,
¡claro que se dedican a la política
y tienen Confederación Galáctica
y Senado y Emperador,
¡presidente de la República y oposición!
¡Y castas! Porque, siempre hay
unos que saben más
y descienden de un legado legendario
y, cómo no, hereditario.
Porque, claro, la vía sanguínea
transmite y comparte todo.
Y no me refiero
a enfermedades víricas,
—creo que me explico.

También es indiscutible
que conocen y disfrutan
de las religiones organizadas,
con sus sacerdotes y obispos
y adoran y rezan
y construyen centros religiosos
y templos impresionantes,
porque, como mueven
pedruscos con la mente...

¡No lo entiendo!
¿Cómo, si son tan inteligentes
como para dedicarse a la política
y a la religión y a la ciencia
y conocen los minerales
que hay en el planeta Tierra
y por eso quieren colonizarnos,
para esclavizarnos
y que extraigamos nosotros
el mineral ese que necesitan
y que se volvió tan escaso
en el resto de la Galaxia,
porqué es que no le dedican
tiempo alguno a las artes?
¿Acaso la creación
no es lo más cercano
que un ser puede estar de Dios?
Y, ¿no les interesa a ellos
desarrollar un poco
esa prepotencia,
¡tan humana y bonita!,
que tantas alegrías concede
a quien dedica su tiempo
a facetas artísticas
y, también, a aquellos que la disfrutan
como lectores, espectadores o aficionados?
¿Es que no se les ha ocurrido?
o ¿acaso no les apetece?
¿Serán al final,
esa gente,
más idiota aún
que nosotros mismos?

CAPÍTULO 8
SERES DE LUZ

THE VILLAGE

Convidados a una audición privada del registro próximo del Dragón en The Village, mítico estudio donde se grabaron los álbumes que alimentaron la leyenda de próceres geniales en las últimas seis décadas. Desde la zona oeste del bulevar en su fachada lateral, malograda el excesivo mural, suntuoso, "Isla de California" presume un paisaje de desvanecida gloria pretérita, azotado por un sismo devastador.

Sobre cimientos robustos de antiguo templo masónico de los años veinte del siglo pasado. El Maharishi Mahesh Yogi lo transformó en los sesenta en faro y romería mística de la Meditación Trascendental.

Nos citan en la sala matriz y estancia perfecta para una iniciación o sacrificio brutal a los dioses. Un equipo de audio exquisito y refinado y sofás de Mies van der Rohe, o así. El Dragón nos seduce con un generoso discurso de presentación, breve y conciso, claves y fundamentos de lo que nos conmueve durante la próxima hora y más.

EL DRAGÓN

Minucioso, solemne, apetitoso,
místico y extraordinario
exige al presente
lo que nadie parece dispuesto
a suplicar de rodillas:
un poco de atención.

La vida encapsulada,
en fragmentos dispersos
sin atosigar, ni estreñir
las vísceras obstruidas
de los mancebos de comida rápida
y reciclaje, demasiada información
para el candor de la audiencia.

Dicen y leo, que la atención adolescente,
entre doce y dieciocho años,
no excede los treinta segundos.
Y ya es mucho, que tengo prisa y
debo seguir surcando el caudal
del cursor de la red.

El de mi amigo el Dragón
es un canto de voz humana,

cuerda y parche de tripa
cocido a tiempo lento
y crepitar de brasa de leña,
absorta y contenida.
Cada nota y palabra,
en cada verso, un recado:
a veces profundo,
otras, sencillo,
de ingenuidad hindi.
Porque la belleza y la verdad,
a veces aparentan un candor molesto
que esquivamos escudriñando
alternativas merecedoras
de nuestro insólito intelecto,
demasiado acostumbrado
a los sudokus de lo superfluo.

Cierro los ojos y me dejo llevar
por la microdosis matinal
emocionado al escuchar la voz humana
y el canto de delicadeza inspiradora.
Creo que me podría dormir,
pero tal testimonio y belleza
brotando del altavoz,
me lo impiden y el fungi
puede más que la gustera.

CONTRACULTURA, DESOBEDIENCIA CIVIL
Y FARMACIA UTÓPICA

Concierto de sitar en un curso
de verano en El Escorial:
Contracultura,
Desobediencia Civil
y Farmacia Utópica.
Sentados entre cojines
y alfombras persas
o imitaciones bien conseguidas.
Fernando se queda dormido,
tras habernos fumado a la entrada
un porrito de hachís.

Empieza a roncar y resoplar
a un volumen considerablemente alto,
por encima de la raga suave y sutil
que interpreta el concertista.
Algunos de los asistentes
ríen y apuntan a su boca abierta,
lo que consideran una falta de respeto
y es la señal inequívoca de que
en todo aquel salón universitario,
Fernando es quien más disfruta
con la belleza antigua
de la música sacra.

Este recuerdo cruza mi pensamiento
durante la escucha de la grabación
de mi amigo el Dragón.
Si me duermo
y se me escapaba un resuello,
quizá nadie apreciaría mi dicha
y la hondura provocada
por la maravillosa música
que fluye desde los altavoces.

EL ASESINATO DE LANA CLARKSON

La música y el arte son sagrados.
Los artistas seres de luz
que debemos cuidar
y perdonar cuando se equivocan,
que no suele ser tanto.

¿Deberíamos absolver a Phil Spector
por el asesinato de Lana Clarkson?
Su abogada, Linda Kenney Baden,
en un último trance desesperado
en defensa del ilustre productor,
extrajo frente al jurado popular
en la Corte Suprema de Los Ángeles
un pequeño maletín
con altavoces y tocadiscos
y escucharon a todo volumen
la interpretación de *Righteous Brothers*
cantando *Unchained Melody*,
para que fallara el jurado
en favor de su inocencia
o al menos sirviera como atenuante
en la sentencia final de don Spector.

EL GRAN SUR

Vuelo al corazón del Gran Sur,
en dirección opuesta
a las tinieblas de Conrad
y el apocalipsis bañado en napalm.
Soplan vientos que enjuagan
el vaho irrespirable e infecto
de una actualidad que suena antigua,
manoseada y de sobras conocida,
repetida un millón de veces
en bostezos interminables.
Frente a este horizonte hechicero
de luz plena y acantilados,
rompe-aguas de un Océano
Pacífico embravecido, comparecemos.

Una hora de retraso y espera,
un mal menor, insignificante
en días de huelga y reivindicaciones
de pilotos encarados
a compañías aéreas
al servicio del gobernador Narciso.
Los asientos de estos pequeños aviones
son cada vez más canijos.
Imposible estirar las piernas,

sin soportar el calvario
de la contorsión, ni pisar
los talones a la señora del moño
del asiento delantero.

Evitar los conflictos,
esquivar las balas.
Negociamos trámites aeroportuarios
—uno de los lugares
más hostiles del Planeta Tierra—,
formalidades y diligencias,
con el Aprobado Previo
de la Administración
de Seguridad del Transporte.
Nos sentimos —por un momento—
embajadores en vuelo diplomático,
privilegiados de primer mundo,
saludando azafatas y supervisores
de defensa y protección.

Un automóvil alquilado espera
en el estacionamiento del aeropuerto.
Vienen a mi memoria los versos
y el mensaje inequívoco del Blues
Nostálgico del Subterráneo:
No sigas a los líderes,
vigila los parquímetros.

Un hambre de mil demonios caninos
nos asiste a mesa puesta y mantel
en el restaurante de Julia,
que ofrece degustación
de setas de temporada.

Estamos a lo que estamos,
en sincronía con la estación
y con las fotos de amanitas
que engalanan las paredes.

Los hoteles en este país
tienen hora de ingreso inoportuna.
A las cuatro de la tarde,
podemos hacer uso
de una habitación con chimenea
y vistas a un estrecho callejón
de un gris oscuro difícil de apreciar.
Acicalarnos. Prepararnos.
Fondos y provisiones
para abastecimiento en el camino.
Cubitera, hielo y doble dosis de psilocibina.
Calculamos, aproximadamente,
entre tres cuartos de hora y una hora
para alcanzar el apogeo
del efecto de escalada
y unas seis horas, como máximo,
hasta que desaparezca el último
de los indicios de la revelación.

BRUMOSO PADRE JUAN

Una pareja de Portland, Oregón, nos consigue entradas para el cuarenta aniversario de la apertura de la librería de Henry Miller en el Gran Sur. Donde nada ocurre nunca, según su consigna escéptica, confrontando un mundo que, desde aquí, parece lejano, quizá ilusorio.

En el verano de mil novecientos ochenta y uno Emil White, amigo y secretario, decidió abrir la librería como homenaje al escrito fallecido justo el año previo. Henry Miller se había instalado en la década de los cuarenta y escribió gran parte de su obra última. Seguramente *Nexus*, *Plexus* y *Sexus*. Desde que inauguraron este enclave mítico se ha convertido en centro de reunión de artistas, bohemios, místicos y, de vez en cuando, acoge recitales singulares y exclusivos a la luz de las estrellas con el ruido de fondo del batir del mar.

Escuchamos al Brumoso Padre Juan bajo un cielo de pureza divina, azotado por corrientes de un viento, paradójicamente apodado Diablo, en la entrada de un bosque que la carretera abandona a la orilla abrupta.

Con un frío limpio y ascético en una experiencia de reconciliación con el arte y las musas de la interpretación. La creación instantánea, en estado puro. La voz humana en fino hilo de conexión con la matriz divina, como comunicación espontánea del poeta de guardia y confianza plena. Se dirige desde el alzado, directamente a nosotros Nos mira a los ojos, sabiendo que estos versos suyos, nos hablan hoy con la hondura de un instante categórico. Tenemos la seguridad absoluta de estar presenciando la única y genuina, verdad absoluta.

CAPÍTULO 9
LA GRANDEZA Y LA GLORIA

MAREA ROJA

En la Historia de Terror Americana,
la Marea Roja sugiere,
una propuesta filosófica
controversial. Un dilema,
un dislate acaso.

El supuesto llamado de la gragea negra,
a la que bautizamos Musa,
y multiplica el ingenio
por diez o cincuenta mil:
de avispado, a genial.

La inventiva, la imaginación,
las redes neuronales creativas
y sus cuatro fases:
preparación, incubación
iluminación y verificación.
Podemos medirlas y aislarlas,
mientras viajan
del prefrontal, al subcortical
y del índico, al parietal.

Podemos estimularlas,
a base de mixturas químicas

estudiadas en laboratorios
sufragados por la C.I.A.,
interesados, en principio,
en soldados que no se hagan
demasiadas preguntas.

Con varias contraindicaciones,
    —siempre las hay—,
de prescripción y lectura obligada:
lamentablemente, establece
un mínimo talento necesario,
regulado, supongo, por la pastilla,
y sus componentes,
conocedora de lo que quieras
aparentar por fuera
pero jamás podrás
disimular por dentro.

Transforma al mediocre
en vampiro sediento
vagando por las arterias urbanas
con nocturnidad prioritaria,
husmeando la sangre
sin otro quehacer
que el saciar un apetito infinito.

Solamente si posees
un talento evidente,
entonces, redobla
multiplica y amplía.
Luz y belleza.
Así, teniendo en cuenta
estos alarmantes informes,
el riesgo es importante.

Si fuéramos tú o yo
los de la capacidad incuestionable,
y nos volviera geniales, extraordinarios
gracias al comprimido negro
bautizado "Musa",
tendríamos, de todas las maneras,
que saciar un ansia vampírica
despachando con puntualidad metodista.

Serían el éxito y el dinero,
mitigantes y selectivos,
suponiendo, tengas
un pellizco de moralidad
y elijas a tus víctimas
según lo merezcan,
nadie les vaya a echar de menos
y, sobre todo, no te desenmascaren.

Un importante dilema.
¿Quién de nosotros, dudaría
o tomaría la píldora?
¿Quién NO lo haría?
¿No es lo que buscamos
todos los creadores?
¿No aspiramos —y venderíamos
nuestra quintaesencia
o lo que poseamos y nos quede—
por un extra de agudeza y genialidad?

Como yonquis de lo imposible,
de lo inalcanzable.
Todo nuestro sistema de valores,
todo nuestro código de conducta,

por un indicio, un pequeño roce
con la yema de los dedos,
del subsuelo de la cima del Olimpo
de la grandeza y la gloria del Arte.

CRUELDAD O FICCIÓN

Todos hacemos lo que podemos
Expresión. Necesidad.
Cumplimos con nuestro trabajo,
voluntad y constancia,
humildad y algo de torpeza.
Con mayor o menor fortuna.
Algunos, hasta reconocimiento.

Pero ¿no es acaso verdad
que todos ansiamos la pureza,
el esplendor solemne?
¿poseer el rayo que no cesa
y manejarlo con soltura
y enfatizar e iluminar
el camino que seguir
para aquellos que vengan detrás?

The Beatles, Dylan o Bowie.
Monk, Coltrane, Miles.
Whitman, Kipling, Dickinson.
Cernuda, Biedma, Machado.
Picasso, Van Gogh, Turner.
Pollock, Barceló o Bacon.

¿No estaríamos dispuestos
a una inmolación desdeñable,
aunque suponga sacrificar
algunos seres humanos?
¡Crueldad o ficción!
El mito del vampiro
amplificado y potenciado
con aliño de caza y acecho incansable
de un talento que no llega
y la genialidad incierta e integradora.

¡Qué incógnita más fabulosa!
Todos con nuestros rituales domésticos,
nuestros convencimientos
nuestras certezas y ceremonias.
Necesidades que completan la obra:
Madrugar, trasnochar,
comer dignamente o ayunar.
Paraísos artificiales y espirituosos.
Fumar, beber, esnifar, eyacular.
El campo, la metrópoli.
Caminata, lectura y silencio.

Hemos buceado en pozas abisales,
apnea en los infiernos
de ida y vuelta, los afortunados.
En busca de inspiración y locura,
por una buena causa,
un verso, una estrofa,
un texto, un poema.
Un sentido para la obra
y un pretexto para el laberinto.

Siempre en la región
de nuestro pensamiento ulterior.
Bajamos con Dante a las tinieblas,
a ciegas, sin candil.
Esperando recibir una ofrenda.
Un don ganado con esfuerzo e inmolación.

Nuestro propio cuerpo.
Nuestra mente.
El alma y esencia misma.
Un espíritu visionario.

¿Tomaría yo la pastilla negra
bautizada Musa?
Con este debate presente,
brutal e impúdico, controvertido,
tomo la microdosis
diaria de psilocibina.

Continúo... la muerte, el asesinato,
la sangre, la tentación...
Me parece muy poco creíble
quien afirme que la rechazaría.

Todos creemos tener
talento en alguna cuantía
y pensamos, por tanto
que, ingiriendo el negro comprimido
bautizado Musa,
la moneda de la suerte
caerá por el lado de la fortuna.
Solamente mal menor,
asesinar un poco un sacrificio

por un atisbo de genialidad
y no será nuestro destino,
deambular por callejones y camposantos,
sedientos, sin volver a enfrentarnos
al lápiz, ni al papel.

¿Tan seguros estamos?
¿Asumimos el riesgo?
Una gragea podría llevarte
a los infiernos de por vida
sin recompensa alguna
tan solo la eterna penitencia.

La misma tableta que asegura
concederte la Gracia inalcanzable,
exclusiva, del círculo de los elegidos,
artistas absolutos y geniales.

Y, ¿quién otorga a la pastilla negra
bautizada Musa,
la capacidad para distinguir y decidir
el que posee un grado extra de talento
para inclinarse en una u otra dirección?
¿Cómo un compuesto químico
es capaz de tomar
esta decisión tan fascinante?

NICOLAS CAGE -I-

Contrario a la fama de N.C. injustamente minimizado, coloso de frente tersa y, dicen, algo gesticulante. Cliché y estereotipo viéndole en Cerdo –*Pig*– apenas mueve un músculo, ni cara, ni brazos, ni hombros para explicarnos la vida de un hombre exhausto, desengañado de ambiciones mundanas, pero con un poso de sabiduría. La decepción y el conocimiento, lo intuimos, pero nunca acaban de explicarse, ni mostrarse con claridad. Solo la no actuación de N.C. lo evidencian, como un secreto entre él y nosotros, espectadores.

Repaso mentalmente su trabajo. He gozado, atento y perplejo en su disparidad y contraste. Las dramáticas primeras. Explorando una comicidad inesperada, después. En los noventa del siglo pasado, un nuevo prototipo de hombre de acción. Taquillero, millonario y dispuesto a repartir leña.

Compró castillos, la Casa Encantada de Madame La-Laurie, rocas de Marte, un meteorito, una isla privada, esqueletos de dinosaurio y cabezas reducidas de pigmeos. Se encariñó con mascotas: dos cobras albinas, un tiburón, un pulpo gigante, cocodrilos…

Se educó en filosofía y hermenéutica. Construyó en Nueva Orleans un mausoleo funerario con forma de pirámide para enterrar sus cenizas cuando llegue el momento.

La prensa hizo de él una mueca, un meme del porqué de sus peinados. Un personaje cómico y risible cuando se arruinó o invirtió con tino malogrado. Nunca sabemos con exactitud los datos reales de la vida de un ser rodeado de misterio. Quiso salvar su economía haciendo películas sin criterio o con un criterio no compartido, el suyo propio, no necesariamente el de los enemigos de la vida, que ni son actores, ni se dedican al cine, ni jamás filmaron un plano.

NICOLAS CAGE -II-

Muchos lo dieron por perdido, en un sinfín de títulos relegados a la gaveta de las rebajas y volvió a encadenar pequeñas cintas independientes de presupuesto bajo y noble valor insólito. ¡Cómo me emociona este simple giro del destino, un final inesperado y una vuelta de tuerca que enmudece hoy a sus críticos y opresores!

Me fascinan los artistas que sorprenden y cachetean a ladinos y charlatanes. Me seduce la belleza perpetuándose e insistiendo por encima de la palabrería. ¡Qué ganas de retarme y ver todas las películas rodadas en los últimos quince años, con puntuación mínima en las tribunas sabihondas del análisis y el reproche!

¿Por qué tanta inquina? ¿A qué se debe la animosidad? ¿Fue acaso cuando dilapidó fortunas? ¿O al describir su método de interpretación
como *nouvelle shamanic* o *western kabuki* o *meditative haiku*? ¿O cuando amenazó con cumplir su sueño de filmar encadenadas ciento cincuenta películas, como tantos ídolos totémicos de la época dorada del celuloide?

¿Dónde está el riesgo en hacer lo conveniente para tu carrera? ¡Cómo me gustan los fantasiosos, con ideas propias y ensoñaciones vagas y gustosas! Capaz de decir en voz alta *¡barbaridad insultante!* sin miedo a abusones de colegio o lapidadores de red social. Sin temor a una decepción verdadera porque, cuanto mayor es el descalabro, mayor la enseñanza, el avance y el logro.

Nadie que conquistara un éxito vivió sin conocer el revés. Los pocos que viven una vida de triunfo y gloria, de patrimonio o lotería nacional
pueden asegurar para su desdicha que ignoran el valor de un kilo de patatas.

CAPÍTULO 10
LA GRAN CRISIS

TRISTEZA DE HALLOWEEN

Aparece una debilidad límite y flaqueza
en festividades solemnes y señaladas.
Una boda, un cumpleaños,
Pascua, Navidad, Halloween.
Días de bullicio obligado y jarana.
De regocijo y encuentro.
El tono afectado y medido
en latidos por minuto.
Tempo *andante* o *allegro*.
Acorde mayor.

Estas son las normas.
No hay desahogo para la tristeza
Halloween y Día de Muertos.
Los chicos se caracterizan y enmascaran.
Calaveras y diablitos.
Personajes de terror y ficción.

Aquel muchacho es Satán
y ella un payaso asesino,
bañada con la sangre de sus víctimas,
No importan tus lamentos
en el trance de las tinieblas,
efeméride de la oscuridad.

Debería intervenir
con disfraz y camuflaje
como delicadeza velada.

No siempre soy así.
Las afinidades interpersonales
son un carrusel de feria oxidado.
Caballitos que suben y bajan,
sobre un estrado que da vueltas
y un crujido de navaja y manivela.
El chayote de cilindro del organillo
a ritmo de vals vienés.

Incapaz de expresarme en alta voz
con toda esta concurrencia.
¿Quiénes son? No los conozco
¿En qué momento me he acoplado
a esta comparsa y desfile?
¿Qué persuasión y destreza
motivan estos impulsos,
estatutos de verbena?

¿Para qué salí de mi ermita?
Mi dieta de sobras, de comida fría.
Tengo trabajo retrasado
cazando cucarachas y cochinillas
debajo de pilas de periódicos.
Llenar tarros de cristal. Proteína pura.
Alimento para pasar el invierno.
Mis tareas. Organizando la leña.
Subiendo bolsas de plástico.
Orinar en botellas de *Aquafina*,
          litro y medio.
No debería salir nunca.

He perdido la noción del tiempo.
Deambulando por los *Palisades*
en el cañón del Temascal,
mientras todas esas criaturas
hablan de cometer crímenes,
de entrar a robar en las casas.

Esta buena gente
compraron toneladas de caramelos,
chocolatines y golosinas
para todos estos vándalos desvalijadores,
que solo piensan en colarse hasta la cocina
y abrir la nevera y apropiarse un *Seven-Up*,
un *Dr. Pepper*, una cerveza de regaliz,
cualquier mierda gaseosa
que los eleve un palmo del suelo,
mientras los propietarios
beben vino en el *driveway*
invitándolos, descuidados y generosos, a pasar.

Quiero irme a casa.
A mi casa o a alguna casa.
Hace frío y pienso en la chimenea
quemando leños de manzano seco.
También envidio a este Conde Drácula
que pasa a mi lado agitando
una fantástica capa
que hasta el suelo le llega.

¡Qué maravilla ir disfrazado!
¿Por qué no me pinté la cara?
Disimulando, inadvertido
incluso para mi propia comitiva.

Una grandeza que debería haber previsto
con un mínimo de iniciativa.
Una toga larga y negra.
Los colmillos favorecen a cualquiera.
Sonreiría más.
Las mamás empujando carritos de bebés
me sonreirían de vuelta.
Pendientes y atentas
que no se despisten los niños
en la noche atolondrada
de ficción infinita.

Los padres bebiendo.
Las madres gritando los nombres de sus hijos:
¡Ewan!, ¡mira al cruzar!
¡coge la mano de tu hermana!
¡te he dicho que ya basta de dulces!
Un desorden de azúcar
en arrebato de violencia,
armando a un ejército,
dispuesto a matar,
dispuesto para la muerte
en la noche de Samhain
y de todos los santos.

Aborrezco entablar conversación
con la alegría desbordante
que da motivos de sobra
para el alcoholismo lícito.
Es Halloween,
noche de chuches,
madres estresadas
y padres empinando el codo

144

hablando de fútbol, política
o cualquier otra cosa
que les haga parecer
que saben de lo que hablan.

Vislumbro a lo lejos el parquin del *Ralphs*
y sólo pienso en salir volando con mi capa,
cruzando las colinas,
mezclándome entre las manadas de murciélagos,
comiendo insectos nocturnos,
revoloteando alrededor de las farolas.
Ha llegado la hora
de descifrar y elegir
entre el hambre o la tristeza.

LA GRAN CRISIS

¿Cuántos poemas surgieron de la rabia?
¿Cuántos versos del dolor?
La crisis nos escolta
y nos visita a horas insólitas.
Casual, a traición.
Un derrumbe de pequeños incordios
y picotazos de tábano pelma
de galacho encharcado.

No presupongo la sintonía
con la matriz divina.
Ni la conexión con el Numen
        a perpetuidad.

Lunes, mal día para empezar la semana.
No consigo terminar nada de lo que inicio.
Ni empiezo con buen pie,
ni localizo la vereda de en medio.
Evidente que consumo microdosis, descreído.
Descuidando el empeño frecuente,
me derramo como barrigón corpulento,
seiscientas libras de peso,
incapaz de abandonar la estancia
en años, sepultado en el diván
enchufado al fulgor de la televisión.

Una película, un documental, un podcast.
Alguien malhumorado,
argumentando enredos
que no importan, ni me conciernen
pero que hoy son motivos de controversia
y nos enfrentan como si fueran
cuestión de vida o de muerte.
Como si la posteridad
dependiera de ello,
seducidos y confiados.
Cuando lleguemos al porvenir,
            no troncharemos.
En algo podemos atinar.
Por lo que hoy rivalizamos
argucia pura,
huesos para los perros,
duros como guijarros
y poca carne
podrida.

Una mezcla de psilocibina,
desaliento y descalabro
y una excesiva ponchera
de palomitas de maíz:
munición meteórica,
fosfatina para mis riñones,
infectando cañerías disfuncionales,
provocando un desorden
de síntomas inequívocos.
Fiebre, escalofríos,
defensas en declive,
dolor muscular.
Toda la materia,

debatiéndose en trance,
inhabilitando el movimiento,
en lucha por la conservación
la supervivencia o la extinción.
El aguante y los arrestos
de las eucariotas y procariotas
en una batalla campal al desnudo
en la que mi mundo
parece jugársela a una sola carta.

UN ARMA BIOLÓGICA DE PRECISIÓN

Hoy, mañana tal vez no,
la fe ciega en la farmacopea
es tan cercana a la mojigatería,
gazmoña inquisición moral,
que parece indecente valorar
la práctica de las buenas hierbas,
y la consagración al santuario
del cuerpo como arma de precisión.

Acepto la apostasía
y nadie que se respete
debe hacer asunto
de lo que diga un imbécil.

No somos inmortales,
pero sí difíciles de matar.

Keith maltrató a conciencia
su figura, como un guiñapo
elegantemente desperdiciado,
aguantando de pie, o así,
hasta una edad venerable,
cuando todos apostaron
por un cadáver joven,
más o menos bien parecido.

Si tratamos el envase
con algo de apego
y conocimiento atávico,
no hay necesidad de vivir
con miedo al miedo
ni arañar las paredes de cal,
ni que el cielo se nos caiga
sobre el peso de los hombros.

El cisma de los colmos,
injurias y carcajadas
para aquellos que, sin pregunta,
lectura, ni exiguo testimonio,
critican por criticar.
Tratamiento de colisión frontal:
una dosis cada cuarto de hora.

Nada mejor que llevar la contraria
a la prensa controvertida y maximalista,
para salir del pozo de las miserias
y levantarte de buena mañana
como si nada hubiera pasado,
dispuesto a caminar
cabellera al viento
por el desierto de Mojave.

EL ENSAYO DETENIDO

Desamparados quedaron,
el brío y el coraje
de levantarte creyendo
poder arrancar
el poema que llevas dentro,
nueve versos que escribir.
Esa desfachatez
y clamor de atrevimiento
mínimo común necesario
malogrado en el camino.
Si la psilocibina tuvo competencia
en mi crisis mecánica,
debo tomar la decisión
y apartarla, al menos, eventualmente.

El ensayo físico, artístico y vital,
aparcado *sine die*.
Dejar de ingerir
mi dosis diaria de enteógeno,
puede reestablecerme.
volver a la página en blanco
y no dejarme derribar
por la gran crisis y un revés

en el propósito y empeño
del canto al hongo
postergado hasta nueva orden.

PIEDRAS Y ÁRBOLES

Me distraigo con una piedra.
La observo desde la mesa exterior del porche.
Creo que me llama.
Dice necesitar un cambio de posición,
que tiene un llamado superior,
un propósito esperado.

Escojo algunas rocas pequeñas
por la ladera desperdigadas
y las traslado hasta la zona baja del solar.
Las alineo cuidadosamente
conformando una división
entre la carretera y el comienzo del terreno,
donde los árboles y la vegetación crecen libres.

La abuela de Virginia,
equipara los hombres a los árboles.
Somos iguales, —dice
gesticulando una suave danza,
contoneando las manos,
como queriendo enfatizar
la trascendencia de los árboles,
       tan desestimada.

La tala,
devastación a nuestro servicio,
como si nada importara
como si no tuvieran una vida que vivir
y no existieran más allá
de su vínculo íntimo
con el ser humano.

Supongo que es lo mismo
con los ciudadanos de este mundo
que hemos venido a habitar.
No somos mucho más
que una utilidad limitada
al servicio del sistema.
Resultamos un poco incómodos.
Somos demasiados y con demasiadas
aspiraciones y necesidades.
Un estorbo.

A lo mejor la abuela de Virginia
se equivoca y solo dice palabrerías
bien sonantes y afines
y somos menos dignos
que los árboles de este solar
y dentro del parámetro de servicios,
el nuestro, quizá haya llegado a su fin.

CAPÍTULO 11
OTRA RONDA

OTRA RONDA -I-

Reorganizo el caos
provocado por el temporal:
aguacero y viento en ráfagas
de cuarenta y cinco millas por hora,
cercano al nivel uno de tormenta tropical.

Restos de una farola esmeralda
rescatada de un contenedor
que vuelvo a levantar del adoquinado
como en tormentas anteriores.
Las estacas entrelazando
banderas tibetanas de colores
raídas por el tifón
Azul, el cielo.
Blanco, el agua.
Rojo, el fuego.
Verde, el aire.
Amarilla, la tierra.
Algunas ramas de arbustos desplomadas
y una jaula abandonada
del pájaro que nunca tuve
y quise juntar en escultura
con el sol de las campanas
clamando la bonanza de Santa Ana.

Sentarme frente al tablón
clavado a cuatro puntales viejos
de traviesas de la maderera.
Mis lápices afilados
      —*Staedtler Noris*—
y un papel de rugosidad magnífica.
Volver a la mediocridad
con la aspiración bajo mínimos.
Derrotado, pero no vencido,
a sabiendas de que el físico, no lo es todo
y el intelecto, menos aún.
Lo importante, es el hambre,
Comer con hambre, decía el abuelo.

Hace unos días que vi *Otra ronda*
la película de Vinterberg.
Tragedia de Kierkegaard,
comedia y danzón.
Traviesamente rebelde,
de tristeza abisal
y un cóctel embriagador
de dolor y éxtasis.
Hechizo enloquecido,
coreografiando un éxodo
al corazón de la oscuridad.

El vaso hoy lo vemos,
indecisos, medio vacío.
Cumplidos los cincuenta,
o los cuarenta, quizá,
ya no recuerdo,
todo se desploma
y obedece a la ley de la gravedad.

La panza, la papada,
las mejillas, bolsas bajo los ojos.
Crece el pelo enfurecido
en lugares inadecuados:
las orejas, la nariz.
Dolores en la cadera,
el cuello, la espalda…
La columna vertebral del desconsuelo.
Cuesta abajo, con paso firme,
pasan la factura, tasas incluidas,
de una vida entregada a la nada
esperando a Godot.

OTRA RONDA -II-

Finn Skårderud, psiquiatra noruego,
autor, profesor, terapeuta,
sostiene que el cuerpo humano
tiene una deficiencia
inherente de alcohol,
un par de tragos demasiado bajo.
Cero, coma, cero cinco por ciento.
Un torrente sanguíneo defectuoso.
Parece conveniente.
Lo afirmaríamos casi todos.
Pimplar todo el día
para mantener un equilibrio
de alambre de espino
de faquir de Jaipur.

Alimentar los altibajos en alza,
caminar con un zumbido de delicia
liberado de la ordinariez y la zafiedad.
Una pequeña ayuda para convertirte
en la nueva mejor versión de ti.
Vivir otra vez,
justo cuando el hastío
rompía una grieta a codazos.
Vulgar en los huesos,

terminal en la carne,
una ráfaga de luz
se ha colado por la hendidura.

En una comunidad fraccionada,
entre la mediocridad cortés
y la locura absoluta,
el experimento arroja
resultados sorprendentes y positivos.
Con pequeñas ingestas,
se suceden los grandes cambios
Lúcido. Espontáneo. Tratable.
No me había sentido tan bien en años.

El ansia de la sobriedad, desvanecida.
A medida que aumenta la ingesta,
los beneficios disminuyen,
en una espiral descendente
hacia la autodestrucción.
El precario equilibrio,
inclina la balanza
hasta la resaca sangrienta
y la familia en pedazos.

Brindemos, chinchín,
por el poder redentor del arte.
El bardo del taburete confirma
escupiendo gargajos al aire
rodeado de moscas de bar:
Elimina lo obvio
y tal vez si te alejas
con la suficiente frecuencia...

Así el consumo se vuelve corriente
y participas de un nuevo ritual
del que desprenderte
para retomar la extravagancia
de barnizar muebles,
pintar piedras,
plantar aguacates
y barrer el suelo deslucido de la cocina.

EL RECIPIENTE

Si consigues tu respiración,
consigues tu práctica.
Tienes la oportunidad de ser recipiente.
A través de la apertura del chacra
—inhala, exhala—.

Lo que recibes,
no necesitas atacarlo,
ni forzar la pose.
Si solo en la acción existes,
como donativo en beneficio propio
te animas a explorar,
como un animal,
como alma viva,
la rotunda perspectiva de ser.

Quiero perseguir la respiración
en su proceso espontáneo del fluir
y, así, a través de ti,
imitar tus procedimientos,
beber tu metamorfosis.

En momentos de humildad ineludible
cuando el cuerpo ya marchito

nos ha enseñado casi todo,
quizá alcancemos lo fantástico y homérico
en el legítimo empeño
de las posturas más extravagantes.

Es verdad que, a veces,
más elemental es o parece
el verbo que la praxis,
pero sabes que
si quieres ir más profundo...

EPÍLOGO
RECOMPENSA Y MOTIVO

RECOMPENSA Y MOTIVO

Ese halcón que sobrevuela
por encima de mi cabeza, examinándome
quizá sepa algo.
Indaga y se percata de mis intenciones.
Sabedor de mis tomas,
como si pudiera fisgonear
en el fluir de la circulación de mi sangre
y sus habitantes.

Me observa con prepotencia
y agacho la cabeza, sometido.
Vergüenza, me digo.
Quiero evitar establecer juicios de valor
Ni hacia mí ni a los otros sin motivo.
Practicar la compasión.

Tenemos razones de peso
para hacer lo que hacemos,
hagamos lo que hagamos.

Escuchamos de quiénes
sabrían dirigir mejor el tráfico,
arbitrar partidos de fútbol,
componer grandes canciones,

encontrar el final adecuado para un filme,
presidir un país, ¿quién no?
y manejar el cotarro.
Sea lo que sea,
que hacen los terceros
siempre mejor,
siempre más,
siempre otro que, casualidad,
no se dedica al asunto en cuestión.

Cultivar la compasión.
No es suficiente la empatía.
Quiero compasión.
Para mí y para todos mis compañeros.
Los que hemos venido de propio
a participar en esto de la Humanidad.
No hubo selección a principio del partido.
No seríamos tantos,
ni viviríamos tan lejos ni tan cerca,
si las pautas las marcáramos nosotros.
Somos los que somos
y estamos en esto juntos.
Pobres, desamparados.
Hacemos lo que podemos
y lo que hacemos, en el fondo, lo hacemos bien.

Somos buenos como Humanidad.
Quizá como seres biónicos no estemos a la altura
o como extraterrestres, o sumos sacerdotes,
pero como Humanidad lo hacemos aceptablemente.

Tenemos nuestras guerras y nuestras discusiones.
Nuestros hombres y mujeres

y combinaciones intermedias y extraordinarias.
Somos capaces de eso que imaginas y mucho más.
Incluso, a veces, nos superamos
y alguien en Normandía consigue batir un récord Guinness
o un señor encerrado en su cuarto,
frente a una vieja Olivetti
escribe una novela fantástica
y otro, normalmente un ruso,
compone una sinfonía mayúscula
que parece interpretada por los mismísimos ángeles
                    en la bóveda celeste.

¿De dónde nos viene la inspiración?
¿Por qué la perseguimos y es tan escasa?
¿Dónde está la fuente de la que mana?
Y, ¿por qué no abunda
como los huevos de hormiga o las moscas?
Y, moscas, ¿no hay demasiadas?
Entiendo lo del equilibrio de la Naturaleza y todo eso
pero ¿no hay demasiadas moscas?

El halcón revolotea
esperando alimentarse
con las últimas moscas del verano.
No están los halcones para esa insignificancia.
Prefieren un buen roedor:
un ratón, un conejo.
Aves de tamaño mediano o pequeño.
También murciélagos y pequeños reptiles.

Lo que tengo claro es que sabe
o piensa que yo sé algo.
Me conoce de vista.

Son muchas tardes compartiendo espacio y tiempo.
Sabe que los hongos disparan la conciencia
como un balín de cuatro milímetros y medio
y me ponen en conexión, conferencia multiversal
con el entramado energético
que une a todos los seres
vivos y muertos del planeta
y la galaxia y universos paralelos.

Así, de inesperado, el halcón y yo somos uno.
Puedo ver a través de sus pupilas.
Revoloteo por todo el cañón,
aprovechando las corrientes, suaves, apacibles,
de los vientos gregarios y lebeches.

Ahora soy yo quien busca un conejo
o un ratón que echarse al pico.
Pero... desde esas alturas, no veo bien
y pienso que necesito gafas graduadas
para afinar la puntería, en esta tarde de caza.

Los halcones no usan lentes,
quizá alguno necesite... ¡qué sabemos!
No hay ópticas para las aves,
ni moneda que costee su oculista.
Aunque hay gafas pre-montadas,
a precios asequibles,
en supermercados y tiendas de chinos,
pero no permiten la entrada a los pájaros.

Los halcones no juzgan.
Lo sé porque ahora soy uno de ellos
y veo lo que ven.

Halcón joven con buena vista,
de los que no necesitan gafas.
No juzgan y aceptan
a los ratones con su sabor a ratón
y a los conejos con su sabor a conejo.
Incluso aceptan al cazador
con su escopeta de perdigones
y me aceptan a mí cuando no soy halcón,
pero he tomado mi dosis habitual de psilocibina.
En la mesita roja, escribiendo, sin juzgar
a las rapaces que no juzgan.

Tampoco sentencio a la psilocibina
que entra en mi organismo sin juzgarme.
Me acepta como soy y me otorga su ofrenda
con una generosidad de la que solo la Naturaleza es capaz.
La química te clava una puñalada trapera por la espalda,
cuando menos te lo esperas.
La Naturaleza tiene compasión.
En el peor de los casos
se te comen los gusanos
que es un final feliz y justo.
Ojo por ojo
y descomposición por *spaguetti aglio e olio*.
Ecuanimidad y progreso.

Los sacrificios son apropiados.
Nadie da nada por nada.
Si quieres peces,
tienes que mojarte el culo
y si has venido a participar
en este *reality show*,
los gusanos esperarán encantados.

El psilocibe otorga
y tienes que permanecer vigilante.
Como en la Meditación Trascendental,
bucear para conseguir la presa
de mayor tamaño, a mayor profundidad.
¿Qué esperabas?
Aquí no juzgamos.
Los apologetas son otros
y los motejadores… no te quiero contar.

Recompensa y motivo.
Ese es el equilibrio.
Balanza y contrapartida.
Podemos ponernos de acuerdo en algo.
En la belleza, por ejemplo.
Un verso, un trazo, una nota,
una escena de una película de Nicolas Cage.
Como seres humanos lo hacemos bastante bien.
¿Y el video que sacaron los Duran Duran
realizado con inteligencia artificial?
Astuta y espabilada, supongo,
pero con la sensibilidad
en la punta del microchip.

Recompensa y motivo.
Tenemos una razón importante,
        sustancial,
por la que hacemos lo que hacemos.
Motor de arranque de la vida
y la supervivencia.
Escribir, pintar.
Suficiente argumento
para adentrar en lo ignoto.

Esperando una señal.
Algo que encienda una chispa,
desencadene cascada e ilumine camino.
Un prisma oblicuo.
Una representación distinta
pero inequívoca de lo que somos,
nos define y pone en contacto
con las profundidades de lo absoluto.
Ya no soy yo
y os veo a todos
con extrema claridad.

Motivo y recompensa
unificados en un solo acto,
en una mancha,
un verbo,
un silencio
tan hermoso
que muero de ganas
de vulnerarlo
con un crujido de mandíbula.
Una hendidura
de guillotina
engulléndoos a todos.

ÍNDICE

La segunda edición de
MicroDosis
de Enrique Bunbury
compuesta con tipos Bodoni MT
bajo el cuidado de Dani Vera,
se terminó de imprimir
el 8 de marzo de 2023.

LAUS DEO